思想觀念的帶動者

文化現象的觀察者

本土經驗的整理者

生命故事的關懷者

Psychotherapy

探訪幽微的心靈，如同潛越曲折逶迤的河流
面對無法預期的彎道或風景，時而煙波浩渺，時而萬壑爭流
留下無數廓清、洗滌或抉擇的痕跡
只為尋獲真實自我的洞天福地

心靈工坊 PsyGarden

幸福童年的真正祕密

愛麗絲．米勒的悲劇

Das wahre "Drama des begabten Kindes": Die Tragödie Alice Millers

馬丁．米勒 Martin Miller——著
林硯芬——譯

目錄

7 找到的自由：童年研究者 125

8 遺傳的苦痛：母親 157

9 接受檢驗的知識：治療師 195

10 從摧毀沉默之牆開始：後記／奧利維．舒柏撰 221

【推薦序1】

一個悲傷痛苦的女人，和她的孩子

蘇絢慧／諮商心理師、作家

很多人也許都有一個想像：如果自己有一個享譽盛名的心理治療師母親，她對待孩子必然溫柔、敏銳、耐心，極富同理心，如此一來，自己會有一個幸福的童年、美滿的家庭，不用歷經任何苦痛、掙扎、缺憾和衝突，可以安穩成長，成為想要實現的自己。

說到這點，還有誰像本書的作者馬丁．米勒一樣，有個舉世聞名的兒童心理學家母親——愛麗絲．米勒？她所出版的《幸福童年的祕密》幫助也療癒了許多童年受創的人，讓他們明白童年的傷痛不是他們的錯，而是來自無能給愛的父母和代代相傳的家庭不幸。

儘管馬丁．米勒後來也成為一位心理治療師，擁有數十年治療經驗，但母親極端的性格與強大的輿論影響力，不論在生活或是專業方面都為他帶來巨大壓力，母子關係充滿衝突、掙扎和糾結。即使尋求心理治療多次，都很難化解那一份深層的矛盾和痛苦。

沒有人有幸福的童年。即使愛麗絲．米勒極力想從自己母親帶給她的失落和傷痛中解脫，努力投入寫作和繪畫來療癒自己，並以心理治療來解救自己，好讓自己和母親不同，不那麼冷漠而具毀滅性，但她仍無可避免地因為無愛的童年而進入了一段無愛的假性親密關係，加上深怕自己的兒子馬丁．米勒會像他丈夫一樣，而對孩子進行指控和控制。同時，她也因為自己幼年遭受許多暴力傷害，以致面對兒子遭遇父親不當的肢體暴力時決定迴避，無法挺身保護孩子。

這種種情感的深層糾結和矛盾、切割和疏離，無疑讓馬丁．米勒經歷長期的自我衝突和壓抑。他感覺母親把他看成怪物，並且極力要去除他內在的怪物特性。身為心理分析專家的母親對他所給出的心理評論，讓馬丁感到極度憤怒和錯亂。

那些成長過程以及和母親相處的經驗一直不曾為外人所知，直到在愛麗絲．米勒過世後，馬丁．米勒終於在旁人的支持及鼓勵下，透過回溯母親的一生，真正理解屬於母親生命的種種真實。

馬丁．米勒並不想以本書來作為名人孩子向世人抱怨父母的訴狀，而是透過研究、訪談，重新了解歷史軌跡，認識他因沒有機會離開「兒子」的位置而未能好好了解的「愛麗絲．米勒」。在這一段重新回看母親生命，包括她的童年以及所經歷的戰爭之歷程後，母親的輪廓總算漸漸清晰，包括她生理和心理層面的創傷及影響。

六年前，我有幸為《幸福童年的祕密》寫推薦序，如今再能推薦《幸福童年的真正祕密：愛麗絲．米勒的悲劇》，我感到一份特別的情感在心中流動。閱讀了這一本既沉重又開展的親子和解之書，相信每一位讀者都會從中體悟到屬於自己的領會和獲得，我特別建議想從童年傷痛中療傷的人閱讀。

而我則有兩點很深的感觸：

第一點是，我們沒有幸福完美的童年，並不只在於我們未能擁有完美的父母，也在於我們未能身處理想的時代。沒有一個世代是完美的，戰爭時代留下了許多「戰爭的孩童」，他們歷經匱乏、貧窮、殺戮、暴力和許多的自我分裂，在還未能意識清楚自己身上到底發生過什麼事時，就已長大並為人父母。他們甚至有許多人從來不知道自己身上到底經歷了什麼創傷。即便戰後的現代，看似物資富足無匱之且局勢和平，但只要活在社會情境中，看不見的心理壓力和存在焦慮仍無時無刻影響著成為父母的人，也影響著正在成長的我們。沒有人可以迴避、否認這些影響。

第二點，任何想要療癒童年或家庭傷痛的人，若只知控訴和抱怨，療癒恐怕終其一生都難以發生。最重要的療癒因子，在於我們的心理移動，不再只是死守在「孩子」的位置來解讀和體會一切。雖然創傷知情是非常重要的治療過程，我們不能否認和迴避在我們身上發生過的真實，但療癒能否完成，關鍵在於我們能否鬆動心中對某些記憶和遭遇的觀點，以一個更大的社會視角理解時代對人們身心及行為無可迴避的衝擊及影響，如此才能將身而為人的脆弱及限制歸還給自己及父母，從一個更具深度、廣度的距離重新理解家庭中的我們究竟是怎麼一回事，究竟是怎樣地有限卻又盡力的在找尋各自的解脫。

只有回到對人的認識以及對人性深刻的理解，或許我們才有一點點契機領悟到一些對人的慈悲及憐憫下的寬容和饒恕，包括至親和自己。

【推薦序2】

幸福童年裡暗藏的悲劇

周仁宇／人類學博士、兒童精神科醫師、精神分析師

本書的作者，用自己與母親的故事，告訴我們創傷如何在代間傳遞，以及這個傳遞如何被停止下來。

當受過嚴重創傷的父母無法適當回應孩子的需求，各式各樣的張力便無聲無息又極其殘酷地在孩子內在堆積。孩子在身體、情緒、思考、靈魂各個層面的渴求，不斷升起又不斷死去，無法累積出自己的存在。此時，虛弱空洞的孩子無論如何都無法理解正在發生什麼，而且是連問題是什麼都不曉得的那種無法理解。他們總是沉浸在困惑裡，即使動用各種方法，也無法解釋父母的行為，無法體會自己的感受。

在此同時，父母其實也不知道自己在做什麼，有時還自以為正在給予孩子自己未曾受過的照顧，相信自己在為孩子做最好的安排，甚至全心全意以為孩子有自己這樣的父母是何等幸福。然而，孩子擁有的卻只是無以名之的恐怖，並且被迫去順從、安慰、甚至肯定父母。但是，如果孩子夠努力，運氣夠好，或許能逐漸把這些張力轉化為能夠感受到的經驗，然後再一一為這些經驗找到名字：罪疚、恨意、衝突、忽略、逃避、遺棄、控制。這常常是突然的頓悟，像嘉南大圳完工後，大霸閘門打開，大水流向乾涸的大地那樣。只是那位拼命要把人生想通的孩子，在努力的過程裡沒有工程師的藍圖，常常得要等到頓悟的那一刻，才知道自己究竟在困惑什麼，才知道自己一直以來都問錯了問題。

本書的作者在為出版社書寫母親的故事時，意外地為自己童年的各種無名恐怖找到合理的解釋。過去，母親說：「因為你父親和我在忙博士論文，而且家裡空間太小了，無法同時再養一個孩子，所以我們必須把你送走。」現在，作者知道了，其實是母親的人生本來就背負著戰爭、迫害與分離所導致的創傷，而孩子的出世讓這些恐怖的感受復活了。母親害怕自己的人生再度受到控制，因此急忙地把充滿需求的嬰兒送走。在寫作過程中，作者也明白了母親之所以近似瘋狂地試圖控制作者，是因為當年她自己的父親未能接受她的救援，堅持猶太身分，而死在納粹佔領的波蘭。所以，作者嬰兒時對母奶的拒絕，把母親已然因父親而打碎的心再度粉碎一次，開啟了母子之間至死方休的爭戰。在理解這些之後，母親不讓他接觸猶太與波蘭的文化身分和語言，透過強迫他接受母親熟識的治療師的治療，來監控他的心智，甚至想要阻止作者成為治療師等等，便都可以理解了。

在理解之後，原本那些只能冰凍起來等待火山爆發的沉重糾葛，變成了正確的疼痛、真實的悲傷、有意義有脈絡的經驗、可以言說的愛恨，以及逐漸自由流動起來的生命能量。於是，作者終於可以原諒父母，原諒自己。

這個故事所描述的母親是愛麗絲．米勒是一位偉大的心理學家、精神分析師、哲學家。她終其一生致力於批判父母對孩子的錯誤對待，發展出極具啟發力的理論來協助人們了解並克服童年創傷。她的洞察影響了整個世代的人，但她卻對自己的創傷無能為力，甚至還在恐怖與血淚交織中把這些創傷加在兒子身上。但有誰能說她不夠努力呢？我們當然可以說她失敗了，但又有誰是完全成功的呢？

【推薦序3】

推倒沉默之牆，勇敢說出自己的童年往事

丁興祥／輔仁大學心理系退休教授

人是有情的，也是歷史的積澱

人是有情眾生，既然每個人都是走向死亡而生存，如何打發和度過今日？如何尋求自己有限的歡樂及幸福？哲學家李澤厚認為這是「情本體」的問題，用中國話來說，就是「安身」與「立命」的問題，亦即是如何建立自己生命的意義。這本《幸福童年的真正祕密：愛麗絲．米勒的悲劇》，可說是作者馬丁．米勒尋求自己生命意義之作，其中他勇敢面對與母親多年的情感困擾，不但是他自己的故事，也揭發了母親塵封的童年創傷。這並不容易，畢竟這涉及家族的歷史，是家中禁忌，

他難以啟齒，有如「沉默之牆」無形壓迫。但他說：「相較於進一步向母親的讀者隱瞞她的人生經歷究竟正確與否的問題，對我來說，我自己究竟敢不敢探究自己的故事，是否有勇氣揭露我的人生根源，反而才是更重要的。」馬丁面臨的處境，不只是倫理道德的問題，也是情感問題。

本書呼應了人類情感的重要性，情感也許是優先於理知的。馬丁說：「直到今天我們才知道人們是如何感受情感的，情感首先是生物學上的現象，是在我們無意識之下確保了神經細胞與大腦間的溝通，情感簡單來說就是大腦的語言。如果沒有情感，我們幾乎無法存活下去。」情感也許會被壓抑，但這未必是好事。不管是成年人或是孩子，都需要一個情感的、心靈的世界，允許我們感知自己的感受。在一個善良的、有同理心的社會，孩童才能透過人與人之間的反饋發展通往自身感受（情感）的入口。

說出自己情感故事之艱難：米勒家的故事

生命故事的書寫，也許可以從「最早的記憶」寫起，最早的記憶可以說是生命的序曲，是有意義的，通常充滿情感和關於自己的獨特事件。回憶早年記憶，往往會浮現生動的場景或畫面，記憶猶新，而自己的生命故事往往已在這場景中浮現出基調。

在本書中，馬丁回憶他兒時的記憶時，總有一個場景不斷浮現：「當時我大約八歲，我父母兼差為某間出版社訂正手稿樣本，我還記他們是如何高度專注地坐在餐桌旁。我看著他們，不說話，持續好幾個鐘頭，這就是我所看到的。我並不真的理解他們在做什麼，但很清楚自己不能發出聲音，絕對的寂靜掌控著一切，某種程度上，這種寂靜從一開始就包圍著父母與我。我們沒有共同的語言——他們之間常用波蘭文，而我只學過（瑞士）德語，這讓我更加被孤立。」

這段記憶開啟了馬丁生命故事的基調，馬丁自己也理解到這段記憶已揭露了他在家中的角色，他成了父母的「沉默觀察者」，而那般不能發聲有如沉默之牆。幾十年所有包圍著他發生的事：被蔑視、情感的干預、對身為人的自己漠不關心，即便是已成人了亦然，顯示了「米勒家的悲劇」如何面對這「沉默之牆」，這不只是米勒家的故事了。

故事即人生，如何能重寫

「故事即人生」，這是心理學家阿德勒（A. Adler）的話。每個人都可以是書寫自己故事的主人，每個人的故事都是獨特的，只是，該如何說出？如何建構一個「動態的」歷程？書寫自己的故事可以是一種「療遇」時刻，說出或寫出生命故事，則可以再次回顧、反思，甚至洞察自己生命。人生總有些情感的糾結，尤其在童年時期，如果能有勇氣面對，能鬆動早年建構的「生命風格」或「故事腳本」，則可以重構一個新版的故事——這是「敘事治療」的任務。

重寫自己的生命故事並不輕鬆，必須努力去回溯、探究自己原來的故事版本，還得有勇氣面對、克服往昔的情感糾結，可以說是冒險性的英雄之旅。這本書便是一次冒險，作者不但要面對自己，還要面對母親的童年與戰爭創傷，從而放下與母親之間的情感糾葛。每個人心中都有自己的童年祕密，都有自己的陰影，如何才能打開它、面對它、理解它、處理它、放下它，找回不被框限的自己，這是冒險的意義——可以從原來的「自我」世界，走向更寬廣的自在世界。

個人的故事，也是家族的、歷史的

這本書的難得之處，是將米勒自己及家族的故事連結上社會、歷史的事件。在這本書的後記中，心理學家舒柏（Oliver Schubbe）提到，愛麗絲．米勒是少數倡導「心理歷史學」（psychohistory）的研究者。心理歷史學致力於找出歷史發展與社會規範的未知根源，而這些源頭常能在兒時的情感連結經驗與社會創傷中發現。心理史學家德瑪斯（Lloyd deMause）將暴行的重演描述成對解離的心理創傷之防禦，它是我們歷史發展的關鍵弱點，是歷史悲劇的來源。沉默之牆與沉默牆後發生的暴行重演，會對人們造成情感連結的障礙，在家庭內是家庭暴力的問題，在歷史上就是一次次的戰爭，或是一個個傑出人士的生命苦痛或暗影。

「米勒的悲劇」並不是個案，作者個人的故事不僅連結到母親及家族的苦難，又連結到二戰時期的歷史。馬丁寫出這個故事，展現了面對生命的認真態度，他勇敢訪談時代的見證者，也透過心理治療的協助，毫不留情地打破禁忌，努力去推倒那「沉默之牆」。雖然那牆堅如鐵籠，馬丁終究努力放下自己與母親的童年糾葛，作為成年人，他能扛起自己的責任，也給了我們面對生命的勇氣。

本書的故事雖然發生在歐洲，二戰卻是人類共同的事件，事實上，每個社會都有其沉默之牆，或許這是社會共同的任務，需共同解決。說出真相及塵封的故事也許也不是立即有用，但揭開心中的故事可以是第一步，由此開始推倒沉默之牆，藉此找回童年真正的自己。

關於愛麗絲・米勒

愛麗絲・米勒（Alice Miller, 1923 - 2010）是一位以關注兒童早期心理創傷及其對成年生活影響而聞名世界的心理學家。一九七九年首次以德文出版《幸福童年的祕密》（*Das Drama des begabten Kindes*），顛覆了傳統的兒童心理觀點，提醒了世人認識父母對兒童造成的侵犯，在歐洲引起重大迴響。終其一生，她抱持基進的人本態度，希望還給孩子一個應有的成長環境

米勒出生在波蘭猶太家庭，二戰期間倖存於納粹迫害，一九四六年獲得獎學金進入瑞士巴塞爾大學（Universitat Basel），一九五三年

獲得了哲學、心理學和社會學博士學位，並接受精神分析訓練。她長期關注兒童受虐議題，並認為受虐不只意味著身體或性的暴力，一個更隱蔽的虐待形式——由父母對孩子造成的心理虐待，更是米勒的關注重點。在米勒眼裡，精神疾病、吸毒、犯罪和教派主義，都與此有關。那些被虐待以及被迫終身緘默的孩子長大以後，曾經歷的創傷會持續對自己，也對他人產生破壞性的傷害。

米勒在心理史學領域也有相當成果，曾分析獨裁者希特勒（Adolf Hitler）、作家伍爾夫（Virginia Woolf）與卡夫卡（Franz Kafka）等人的童年創傷和生命歷程的關連。她留下許多膾炙人口的著作，中譯的作品有：《幸福童年的祕密》、《夏娃的覺醒》（*Evas Erwachen: Uber die Auflosung emotionaler Blindheit*）以及《身體不說謊》（*Die Revolte des Korpers*），其餘名著包括：《你不該知道》（*Du sollst nicht merken*）、《教育為始》（*Am Anfang war Erziehung*〔全是為你好〕）、《拆毀沉默之牆》（*Abbruch der Schweigemauer*）等。

St. Rémy, d. 22/11 87

Lieber Martin,

ich habe 30 Jahre gebraucht, um herauszufinden, dass ich so lange mit einem Mann lebte + 2 Kinder hatte, der mir in diesen vielen Jahren nicht ein einziges Mal zugehört + der mich niemals als das, was ich bin, je wahrgenommen hat. Im letzten Moment konnte ich mich vor der endgültigen Selbstzerstörung retten + zum Glück auch Julika. Dich konnte ich nicht retten; ich hatte es versucht; ich wollte Dir eine Therapie bezahlen, die mir geholfen hat, Realitäten zu sehen, nachdem ich ihnen 60 J. lang ausgewichen bin + blind für sie war. Du hast mein Angebot mit grossen Gesten ausgeschlagen + wolltest nichts darüber hören. Stattdessen beginnst Du immer mehr das Verhalten Deines Vaters zu imitieren, offenbar ohne es zu merken, denn Du bestreitest das heftigst, wenn ich Dich damit konfrontiere.

→ S. 2 /

母親的來信，一九八七年十一月二十二日

聖雷米，一九八七年十一月二十二日

親愛的馬丁：

我花了三十年的時間才發現，那位和我一起生活了那麼久，而且還和我生了兩個孩子的男人，這麼多年以來從來沒有一次認真聽我說話＋從未把我當成我自己，幸好我能夠在徹底自我毀滅的前一刻拯救自己＋尤莉卡。我無法拯救你，我試過了，我想為你付錢去做心理諮商，心理諮商曾經幫助我認清現實，那個六十年來我一直逃避並且不去正視的現實。你強烈地拒絕了我的建議，而且不願意去聽，取而代之的則是開始越來越模仿你父親的行為，你似乎對此並未察覺，因為每當我讓你

直面它時，你就會極激烈地予以駁斥。

為什麼我花了三十年的時間才睜開雙眼？為什麼我花了六十年的時間才認清我的母親是如何殘忍、如何剝削、如何造成毀滅、完全就是個騙子而且沒有愛？她系統化地摧毀了我的愛與人生，而且後來也對我的妹妹與外甥們做了同樣的事。

因為童年時對苦痛的壓抑是那麼的強烈＋因為我為了維護她，必須學會不去察覺、不去感受＋虛假的安全感，去相信她是會「愛」我的。我也必須很早就學會去幫助、去願意了解，只有憎惡才是唯一適當的反應，也就是憎惡與逃避其他有愛的能力之人。但我的命運沒有給我這樣的機會，我沒有逃離，最後我反而成為了我母親的救贖，大戰過後，當我認為自己終於能夠擺脫她時，我逃向了另一個人，這個人對待我的方式和她很類似，而我則再度想要拯救他＋讓他解脫並活下去，好使他讓我與孩子們最終能活下來。

但是如果一個人完全不懂得捫心自問，而且覺得自己很了不起的話，我們是無法幫助他的，我們也無法改變他人，我們只能改變自己而已，而且，只有在我們真的想改變的時候。

這種意志我是有的，因為我雖盲目，卻不知為何知道不是所有人都像我的母親這麼具毀滅性，也知道犧牲自己的孩子或他人來建立自己的權勢，是犯法的。我現在所說的我知道，是因為我從以前就堅決不想變成像我母親那樣的人。任何相似性，即便是最微小的相似性，一旦做出那樣的相似行為，就會讓我陷入絕望，然後我就會不停地瓦解這些相似性，直到成功為止，好讓自己能夠弄清處我與他人之間的情勢——這是我母親絕不會做的事。但是我基本上並不知道為什麼我不想和她一樣，我對於這種認知是畏懼的，我從來就不能更及早地去思考並說出：我的母親是一個殘忍的人，她將自己兩個孩子的人生以完全感覺不到一絲壞心眼的方式摧毀了，而且還認為這是愛與關懷。然而我心中有著這層真相，我察覺到了真相，我花了一輩子的時間去尋找能夠幫助我解開壓抑的方法。

我的尋找徒勞無功，無論是透過哲學還是精神分析，多虧了寫作與繪畫，真相才出現了模糊的輪廓，最後我成功透過心理治療，發掘出了我童年的所有真相。

在那些眾多寫信給我的人當中，總會出現某個一定要知道自己身上曾經發生之事，以及許多無論如何都不想知道的人。這些人與自己對真相的壓抑舉動很好地連成了妥協，也許是透過理智的防禦，或是透過以毀滅性的行為犧牲他人，抑或是經由對某事物成癮的自我毀滅等，這三種防禦方式很常同時出現在同一人身上。

你六月來這裡的時候，我心中升起了希望，你想找到力量與意志，讓你的感受活起來、發現你的故事、發掘並認清你的童年苦痛，最終在你擁有自己的小孩與建立家庭之前，擺脫你的毀滅與自毀模式。我以為在這樣的景致裡，你可以敞開心扉，而且或許可以允許那個小馬丁活著。這個希望在你上次來訪時已不復存在，你似乎沒有察覺到，或者仍未察覺到自己身上究竟曾經發生過什麼事，因此你恐怕會讓其他人因你的盲目而受苦，而且還覺得這些都是非常正確且正常的。

隔了幾個月之後，你又開始在我眼前用我熟知的方式發洩你累積的怒氣，而且我對你越友善、越真心，你就會越生氣、越不受控制，任何解釋的嘗試都變成吼叫反彈回來，讓你無法聆聽。

這種行為很早就儲存在你的細胞裡了，而你顯然並未識破這種惡意，否則當人們讓你面對它時，你不會如現在那麼一無所知：像現在我對你的真心，你的童稚真心也曾經被責打一點一滴地消蝕，這種責打還夾帶著愛的保障與「為你好」，這使得混亂更加擴大，因為你相信這種保障！就像所有孩子一樣，吃烤香腸時你就忘了被打得有多痛，但是你的大腦卻把這些都連結了起來、儲存了起來：責打和烤香腸（或巧克力、糕點），在你對我的行為當中，你讓我感受到了這兩者，猶如我是那個小馬丁，而你是那個按著興致與心情交替著對我施以「愛」與責打的大人，而且還想一無所知地維持原狀。

你對我做出這樣的行為，是因為我代替了那個小孩，我沒有用權力去逼迫你，我並未引起你驚慌恐懼，而且始終準備好與你對話。我堅持這種態度，但我不想、也不能夠承擔犧牲品的角色，我不會再讓自己受苦與被誘騙，絕對不能因我兒子而那樣，因為我知道這完全無益於他。只要你找得到犧牲品，那個小馬丁就會一直被關著，同時毫無所感，你會認為自己能夠展示、示範些什麼給別人看，但長期來說幾乎沒有人會相信你，因為當這個孩子最終將被掐死在自己體內，那種空虛是非常明顯能感受得到的。這方面我已經體驗的夠多了，就連那個「最佳」角色也只是表面+若非可笑，就只剩可悲了。

你有的時候會用這種的恨意對待我，我感受得到，猶如我曾是迫害你的人，但我不是。我的確未滿足你對安全感和受保護的需求，無法給予你許多你所需要的種種，而我自己也因這種無能為力所苦。如今我能看見，我這個不被愛的孩子，過去並沒有能力給你足夠的愛，但是當初我想要有個孩子的時候，這並未解掉我承擔的責任。

你曾經對我說過，你父親總是在我不在場時打你，我本該猜想得到或預期得到，而且不可以輕率地將你單獨交給這種力量。如果我自己曾經是個受到保護的孩子，我的天線應該就會警告我了！因為當我在場時，我已經看夠所發生的事了，也就是說，我本應該無論如何都要保護孩提時的你不被你父親責打。我沒勇氣去看清並忍受真相，這並不能減輕我對你的真正過失，因此我承認那些說我袖手旁觀聽任你被虐待的指責，因為這些指控是有理有據的，就連所有其他有理的指責，你也可以對我提出並且查實，我絕對不會拒絕與你談論及回答。

但是我拒絕成為你心中壓抑的怒氣的出氣筒，你的怒氣是因為他的責打而導致的；我拒絕當那個被你打頭的小孩，無論你是出於何種理由必須這麼做，因為我並不是迫害你的人。對我來說，所有與你對談以及澄清事實的嘗試都撞上了一道厚牆，這讓我覺得非常難過，不過這也算是對我的指控的抵抗，因為我終究曾指責過你，我是這麼認為的。

不過對我而言更加難過的，是發覺你偶爾會突然地斥責我，但卻是一丁點理由也沒有。我並不覺得你會像你父親對我那樣待我，而是用他對待你的方式折磨我，因為我瞬間覺得有那麼片刻就像是一個完全被他踩爛的孩子，這是我自己不曾在他身邊感受到的，但是我可以觀察得到他曾是怎麼對你的。

這讓我震驚，也使我深深思考起你似乎對你新學會並因此可反轉的自動反應完全沒意識（人們會認為：完全不是這樣），你似乎認為你如今的行為是非常正常且正確的（而且也有其合理性），而且表現出完全沒興趣做些改變的樣子。你是否曾問過自己，你為自己的壓抑付出了什麼代價？

有一個會責打無助孩童的父親，這是種悲慘的命運，這方面你無能為力，但是身為成人卻不願意去看清他，並為這種盲目而犧牲了自己的成長契機與成熟機會，讓自己慢慢地變成這樣的父親，保護他、珍惜他——這就不是命運了。不應該是這樣子的，這更應該說是一種毀滅性與自我毀滅的決定，身為成年人的你，自己要負上全責。為了避免你不了解我的意思，我本想將這封信當成交給你的遺囑，因為我知道你就連稍微提到你父親都會有怎樣的反應，你會關上耳朵並且想著：「這兩人應該在沒有我的情況下打一場。」因為你從我們雙方面都只聽到了有關對方的壞，對一個陌生而一無所知的人來說，這種比較與對等似乎是如此正確，但對我來說卻是十分不恰當的，因為我早就不再需要去向這個男人復仇了，不過我必須保護我的孩子＋我越是看清，這個需求就越強烈。

因此我決定現在就將這封信寄給你，我希望無論如何，如果可以的話，保護你的孩子，讓他們不必繼續為我童年與你童年的不幸而受苦，要避免此後果，只有當你從你的沉睡中甦醒＋開始看清你周遭的現實＋你身體裡的現實。

由衷祝願你如此

你的母親

1

前言

母親過世幾週後，我有個接受新聞雜誌《明鏡週刊》訪問的機會，以下便是我與訪問者艾兒可・許密特（Elke Schmitter）及菲利浦・歐姆克（Philipp Oehmke）的對話，這段對談一直糾纏著我直到寫了本書為止：

明鏡週刊：您說您的母親終身致力於找尋方法，揭開他人的創傷，但自己卻不知該如何與兒子談論自己的創傷？

馬丁・米勒：我試過無數次與她對談，就像您現在和我這樣，但卻踢到了鐵板，所以，關於您的問題，我無法提供您其他解釋，我不只是她的兒子，我也是心理治療師，也就是一個讀過傳記並深入分析的人，但是我並未滲透入其中，大家總有一天會接受這點的，這層阻礙也讓我在過去的三十年來無法接近我母親，我必須承認。

明鏡週刊：您母親創造了一份獨一無二的作品，此作品裡說到：**精神分析無助於精神創傷，但有另一個解除童年壓抑與重獲新生的獨特方法——我將試著向你**

們展示之。我們現在認為，在我們彼此對談了十分鐘後，您母親隻字未提她作品中任何一個自己人生歷程裡的重點，她無法將自己的方法使用在自己人生最巨大的創傷上。

馬丁・米勒：即使她在著作中正確地看到了那麼多的事物。我的悲哀是，我這個戰後世代所生的小孩沒辦法與我的父母建立起一段情感關係。

明鏡週刊：請您幫助我們：關係喪失不正是您母親所譴責的、父母的殘酷與畸形的原因嗎？

當時的我作夢也想不到要寫一本關於我母親的書，她對我來說是一個陌生到無法描寫的人。直到二〇一〇年的秋天，我在法蘭克福書展上向一位美國出版業者介紹了她的作品，我才開始認真思考這件事。那位出版商認為，對我以及我母親的讀者來說，寫一本有關她的書將會大大有益。這段話縈繞在我心頭，引起我非常矛盾的感受，起初我感受到一股強烈的拒絕，認為寫一本書的念頭極為荒謬，然而即便情感上出現了劇烈的抗拒，此念頭卻揮之不去，我勉為其難地決定接下這個困難的計畫。

第一個問題是——我對我母親所知甚少，愛麗絲·米勒——我在這本關於我母親的書裡，將常常以第三人稱來敘述——把她的人生歷程都封鎖了起來，將她的私人生活變成了一個被守護得嚴嚴實實的祕密，尤其是戰爭那幾年，她特別守口如瓶。誠如眾人所知，我母親是二戰時期在華沙存活下來的猶太人，但實際上她幾乎不曾提及那段日子，最多只是委婉地帶過或使用很有距離感的說詞描述之，就連對我她也鮮少提起，直到我四十一歲才獲知一二。我童年與青少年時期，所有與猶太人有關的，以及所有與波蘭有關的事物，都與我隔離得遠遠的，我既沒學過父母的母語波蘭文，也沒人教我任何猶太文化，我宛如文化工藝品般地長大，被當成瑞士人來養育，瑞士對我父母來說基本上是個很陌生的國家。我體現了所謂的倖存後的新開始，就像倖存者身上常可見的那樣。這是其一。

也就是說，我對這些實情所知甚少，但我卻對我那從未被議題化的母親痛苦領會甚多，這是現在的我關大屠殺倖存者所生之子的研究，我們得知這些孩子都受到父母全心全意的關注，他們必須代替在那段苦難時期所或缺的情感對象，因此孩子們成了父母的依靠與存在基礎。人們稱這種過程，也就是親子關係的反轉，為：親職化，即因創傷侵擾而感到痛苦的父母透過自己的孩子去追回情感上的支撐，就像我母親在她的第一本著作《幸福童年的祕密》裡強調的：孩子擁有一種非凡的天賦，他們能出色地領會父母的需求，即便父母未曾吐露。他們完全了解父母所期待的是什麼，並且表現出相應的行為反應，這也是我曾經做過的事。

我與母親的關係——我如今終於了解了——有著那種扭曲關係的所有特點，包括轉遞被壓抑的迫害創傷，也就是說，我母親和我以某種精神官能症的方式而非常接近彼此，我們由於一種從屬的親近而擁有緊密的連繫。透過這種方式，我在情感上成為了我母親大屠殺經歷的一部分——而我當然一無所知，無論是小時候還是長大後。我成了見證者，是的，是戰爭創傷的一部分，卻渾然不知當初究竟發生過什麼。我成了一段苦痛史的參與者，儘管、或正是因為我對這段過去並不了解。我可以說是經歷了母親受到的納粹迫害，也就是這種盲目迫害的後果。

德國作家暨時事評論家亨里克・布羅德（Henryk Broder, 1946 - ）在一九八二年鄂爾文・萊瑟（Erwin Leiser）的電影《劫後餘生》（*Leben nach dem Überleben*）裡是這麼描述大屠殺倖存者所生之子的命運：「我一直覺得自己彷彿被束縛在一個我所不知道的、看不到的，但卻使我深受重負的驚恐座標系裡，我無法與之對抗。」我又在這幾句話中看到了自己。

我記得以前我們去蘇黎世拜訪親戚時，我在他們家裡看到了一些我不認識的東西，餐櫃上的木頭人偶有種神奇魅力吸引了我，那是正統猶太教男性塑像，旁邊還有一座光明節燭台。然而我卻完全不敢去詢問所有這些東西的意義，那未曾說出的禁問完全發揮了作用，即使長大成人，我還是一再地面對母親的恐懼，她很害怕被別人知道她的私事，直到她過世為止，她都小心謹慎地留心著不要讓任何私事公諸於世。

直到先前提過的《明鏡週刊》訪問以及美國出版業者的建議，我對母親的這種絕對服從才開始不斷動搖。

即便滿腹罪惡感，我還是認為，相較於進一步向母親的讀者隱瞞她人生經歷究竟正確與否的問題，對我來說，我自己究竟敢不敢探究自己的故事、是否有勇氣去揭露我的人生根源，反而才是更重要的。

我當然讀過我母親的著作，在《拆除沉默之牆》（*Abbruch der Schweigemauer*, 1990）裡，愛麗絲．米勒建議所有讀者揭開自己的真相、自己的故事，並解除壓抑。我現在認為，即便我長年讓自己做心理治療，而且也擁有幾十年心理治療師的工作經驗，針對這樣的案例，要去克服的不只一座沉默之牆，還有一座巨大的罪惡感之牆。

在這樣的情感狀態下，我開始著手撰寫本書，在寫作的過程中，有許多早已被遺忘的記憶浮現而出，而且我真的認為自己能描繪出母親的人生。直到和我的編輯艾娃瑪莉亞．波勒（Evamaria Bohle）討論時，我才意識到自己陷入了角色混淆之中，我主要是以我的情感體驗來刻畫母親，母親傳遞給我的價值觀瀰漫在「事實」

當中。

我再一次從頭開始，拜訪了時代的見證者，我母親仍在世的親戚——她在美國的表親伊蘭卡（Irenka）與阿菈（Ala），我開啟了一個奇妙、有趣且至今都未知的世界，那是我母親在戰前成長的世界，這個世界被二戰與納粹對猶太人的迫害殘暴地摧毀了。如今我相信，愛麗絲．米勒之所以無法成為我的慈母，其原因就在一九三九至一九四五年那段迫害歲月緊緊包裹住的創傷之中。我現在非常驚訝，母親在其著作《教育為始》（*Am Anfang war Erziehung*, 1980）裡那麼客觀地描述希特勒的童年，是如何做到的。最讓我感到荒謬的，是在大眾的感受以及對我母親這本書的批評當中，一再出現低估了希特勒所作所為的譴責聲。人們再無法以更好的方式隱藏、壓抑自己的過去。

拆除沉默之牆，複雜而大膽的行徑

除了根據研究調查呈現出來的真實問題之外，我還有著極巨大的罪惡感。隨著本書的撰寫，我開始破壞疆界，我違背了禁忌，越過了一條曾經對我來說一直都被禁止的界線。我母親是多麼努力地封鎖住自己的人生故事，如果有人知道了她的祕密的蛛絲馬跡，她將會如何暴怒，美國作家暨精神分析師傑佛瑞·馬森（Jeffrey Masson）就曾有過這方面的體驗。馬森在網路上評論過一篇達芬尼·梅金（Daphne Merkin）寫的文章〈私人好戲，愛麗絲·米勒曾是兒童創傷的權威，但卻對自己母親之事保持沉默〉（Private Drama. Alice Miller was an authority on childhood trauma, but she stayed mum about her own,2010）：

很有趣的文章！……附上一個小註記：我不只『認為』愛麗絲．米勒是猶太人，我知道這件事，她曾經對我說過。她與我當時的妻子泰瑞莎．克萊兒．馬森（Therese Claire Masson）談論了不少關於這個話題的事，我的妻子也是猶太人，出身自華沙（她小時候住在華沙的隔都[1]），雖然她們多半說的是波蘭文，但我常常也參與其中，因為我正好對大屠殺這個主題非常有興趣。當愛麗絲．米勒請求我為一間歐洲出版社採訪她時，我欣然接受了。我們的談話原本熱烈又有趣，直到我問起她在華沙的那段時間，我想知道當時的經歷如何影響了她如今的想法，畢竟我認為，所有忽視大屠殺造成的心理創傷的精神分析師都是在逃避自己的職責……她勃然大怒並且開始哭泣說：我怎麼能讓自己那樣對待她，如那些糟蹋她的人？我完全不明白她在說什麼，她也不想向我解釋。由於這件事，我們的友誼再也沒有復合，我直到今天還是很困惑，因為我知道她——與我一樣——是很認真看待心理創傷後果的，她可是特地來到柏克萊（Berkeley）與我談論我的書《可憐的孩子，人們曾經對你做了什麼？》（*Was hat man dir, du armes Kind, getan?*）

根據我的經驗，這種行為對我母親來說是很典型的，她只和阿拉、艾斯特（Esther）、伊蘭卡幾位同樣倖存於戰爭的表親有著情感上的緊密關係，除此之外，她的人際關係總是受到沉重張力的影響，就我看來，原因在於我母親必須掌控一切。如果一段關係太緊密，關係的另一方表達出「所求」，靠她太近了，就會轉變為爭吵並引發爭鬥。如果本來建立起了很親近、很友好的關係，那麼就會突然變成一個可怕的敵人。

我和母親之間的關係也受制於這種矛盾，自八〇年代起，在我當上心理醫師、而我母親成為知名作家的時候，我們的關係持續惡化，變得神經質。在前三本書問世時，我還和母親很親密，然而我越開始走向自己的道路，我們的關係就越來越

1 譯註：隔都（Getto），猶太人聚居區，二戰時期更是被德軍用來強行限制猶太人的生活範圍。

糟，幾十年來激烈地爭論不休，情感上嚴重干涉——之後我會再細說——導致我越來越退縮。不知從何時開始，她待我猶如敵人，真的讓我覺得我像一隻怪物，而她想除掉牠。如今我能確定，這也是壓抑戰爭創傷所造成的毀滅性，我之後也會回頭來談這點。身為心理治療師，我知道如何能畫清界線，但是身為兒子，這種暴怒深深傷害了我，而這也將是本書的主題，對我來說，這個因素也讓撰寫本書成了件不太容易的事。

然而我不認為這本書是那種名人小孩用以批判已故父母的報復書籍——這對我來說很重要，對我同樣也很重要的是：我母親著作的價值與其理論的意義，因她對我的行為而無庸質疑。她的繪畫與著作產生自一個有創造性的寬廣空間，在這個地方，愛麗絲．米勒可以舒服做自己，可惜的是，她必須將這個空間與自己真實的存在分裂開來。

雖然她的著作很成功，許多讀者都在書中感受到被理解，尤其是感覺到了他們心靈的苦痛，但是關於愛麗絲．米勒真實的生活，關於她與身為兒子的我的相處模式，讀者卻一無所知。當愛麗絲．米勒的兒子並不好，不是那麼一回事。即便如此，我的母親仍是個偉大的童年研究者。

現在我要透過這本書將這兩個世界連接起來，因此比起我自己真正在意的事，重要的是更詳盡地描寫我與母親的關係。對我的母親來說，分裂顯然是唯一在戰爭過後得到一點生活品質的可能性，我母親為求得一點點生活品質而作出的這些奮鬥——我覺得——無論如何，對很多人來說是一個鼓勵不管遇到何事都不要放棄的例子。另一方面，她的案例以可怕的方式顯示出，如果重大創傷——如戰爭、迫害或其他暴力經歷可能造成的後果——沒有處理，會發生什麼事，也因為如此，我很感謝曾在二〇〇〇年與我母親一起工作的創傷心理治療師奧利維．舒柏（Oliver Schubbe），他已經表示願意為本書撰寫後記。

再談一下我的角色：我在寫作過程中發覺，對我來說最困難的任務在於，我不太能成功地將事實、回憶——我的和我母親的——還有我所提出的解釋，全都融合在一起。不過無論如何，我希望我所描繪的我母親的形象能符合真實，在有天賦的孩子的真正戲碼[2]當中，應該能夠更靠近也身為人的愛麗絲・米勒。

---

2 譯著：「有天賦的孩子的戲碼」是愛麗絲・米勒著作《幸福童年的祕密》（*Das Drama des begabten Kindes*）原文書名的意思，而「有天賦的孩子的真正戲碼」則是本書的原文書名（Das wahre "Drama des begabten Kindes"）。

2

結局

愛麗絲．米勒沒有墳墓

普羅旺斯的聖雷米，是我母親直至她自己選擇的死亡日期，二〇一〇年四月十四日之前所居住的地方，在這裡找不到她的墳墓。就連在瑞士也沒有愛麗絲・米勒的安息處，雖然她從一九四六至一九八五年居住於此地，同時亦在此展開世界知名童年研究者職涯。她不想要墳墓，她被火化後，骨灰撒落在聖雷米的山中湖邊，我母親過去常常坐在岸邊用錄音筆錄下自己的話語。

我母親和我自九〇年代末期就鮮少聯絡了，我根本不知道她完全放棄了她在瑞士的住所，直到她過世前不久，她才通知我這件事。在自己最後的歲月裡，她顯然有著要在法國完全離群索居的需求，獨留網路保持與世界的接觸。她在聖雷米主要往來的是一位新的女性朋友及其家人，他們在所有生活所需方面給予她很大的協助，直到她死後，我才知道母親與這家人有多密切，而我與母親這位女性友人的關係，則在遺產分配後越來越緊張與猜忌，如今我們已完全斷了聯絡。

我之所以在二〇〇九年秋天主動寫了一封電子郵件給我母親，並因此再度開始聯繫她，原因在於她的網頁。我主要是氣她評論心理治療師時不夠嚴謹，而且竟想不到任何一個可以推薦的治療師，同時她提到的標準卻又剛好吻合我身為心理治療師的職業道德。我覺得遭到了蔑視般的處罰，而且被挑釁了，我不想就這樣而不提出意見。

我母親起初表現得不太有安全感，不久後她打電話給我，請求我別再攻擊她，她無法再承受這種爭執了。我讓步了，對我們之間背負著沉重負擔的關係不想再多說什麼，我發現要釐清對話中的衝突已經太晚了。

二〇一〇年初，八十七歲的她病得很重，體重迅速地向下掉，但她拒絕接受任何醫學治療，當時她對診療沒有興趣，直到疼痛得難以承受，她才再度聯繫我。由於我們之間問題重重的關係，我決定——她沒反對——不去普羅旺斯探望她，我們的聯繫在她過世之前僅只於通電話。

我母親提出了自主安樂死的願望，由於劇烈的痛楚，她還是找了醫生，診斷結果是胰腺癌末期，只有嗎啡能讓她稍微承受得住痛楚。她不想活了，她想決定自己的死亡，且不論任何代價都要避免依賴別人，不過她希望我能大力支持這個舉動，而當我解釋到自主安樂死本身在瑞士就不是件簡單的事時，她非常不滿意，她雖然接納我的異議，卻不肯放棄地開始找尋替代方案，好將計畫付諸實現，即便沒有我的協助，她仍自己安排了自己的死亡。

我永遠忘不了四月十四日的早晨，電話鈴聲響起，我意識到母親想與我訣別。那是段簡短的對話：「祝你未來一切順利」，她如此祝福我。這情況真荒謬，她將一切都統籌計畫好了，當我抵達聖雷米時，她的遺體甚至已經火化了。

人們希望自己有怎樣的最終安息之所，以及如果真的可以安排的話，想怎麼安排自己的死亡，當然都是非常個人的決定，但是在我尊重母親所有的願望之餘，卻覺得她就連臨終之際都試著要去掌握對死亡的控制權，這是很悲慘的。現在，過了三年了，我對母親的了解比她在世時要多很多，我會覺得，在臨終前的她雖然痛到扭曲，卻彷彿還是勝利地說著：「你們逮不到我的！」而且或許她在這最後的一步裡是徹底成功地逃脫了，她甩掉了所有迫害者——那些想像中的迫害者、那些終其一生都不放過她身為大屠殺倖存者角色的迫害者，還有那些仍有可能來到的迫害者，那些不會害怕去盜墓的新納粹。她擺脫了他們所有人，這真是種悲慘的勝利。

3

遺傳的個體

猶太女性

我母親所說的是：童年的傷痛

我們在蘇黎世有親戚，我母親最喜歡的是阿姨阿菈、她丈夫布尼歐（Bunio），以及女兒伊蘭卡，他們家的餐櫃上擺放著前面提過的那些神祕吸引孩提時的我的物品：正統猶太教男性木頭塑像，以及一座光明節燭台。我母親這邊的親戚是猶太人，而這對我的家庭來說有什麼意義——這些都不是米勒家的話題。

即便如此，我母親也並非完全都沒對我提過她的童年，童年的她身處宗教信仰嚴謹的猶太家庭，但她卻用了某種方式，阻斷我建立起身為猶太人的感情，或是與我的親戚、祖先產生情感連結，他們始終都是陌生人。對我母親來說，他們故事的重點完全不在此。她將猶太教描述成一個專制宗教，而她的父母則是愚蠢、心靈麻木之人，反對任何較好的良知，謹守著各種無意義的教條與戒律。她曾說過自己還是個小女孩時，就如何為了遵守戒律的事不斷與父親爭執，與母親的爭吵甚至更多。對她來說，這些規矩完全是胡說八道，她的理性無法理解。她會對著我憤怒地談論，堅定地辱罵說，她覺得她父母的行為是多麼的虛假，例如他父親因為健康的緣故，不需要遵守據說非常重要的用餐戒律。對我來說最主要的，是我母親心中那毫無節制的怒氣，不知道其究竟來自何處，卻全都伴隨著與她的父母、家人有關的記憶。無論如何，我從未感受到母親與猶太裔文化有什麼緊密的連結，即便她在八〇年代初期再次更深入地對此加以研究，我依舊未曾發覺，在她的眼中，她兒提時代所經歷過的猶太文化始終是一個束縛的牢籠，她將當時的社會處境籠統地形容成一個死板、順從、沒有思考能力的社會群體，這個群體麻木而不批判地遵守著所有規定，將之當成自己行為的準繩。有關自己家人的事，她就是這樣訴說的，由此可明白看出，她認為自己不一樣，不屬於他們。我從她身上感受到的記憶味道，是痛苦與憤怒。

這一直都讓我很困惑，我小時候並沒有機會熟悉自己的猶太根源，反而是：我過去所知道的、在大屠殺中倖存下來的母親，從沒停止辱罵猶太教，她毫無顧忌地怒叱那些她認為荒唐愚蠢的猶太習俗。我一直覺得母親對猶太教的基本批評是由一種褻瀆開始的，她嘲弄的難道不是迫害之下的犧牲者嗎？我為她感到羞恥，但我從未說出我的疑問，一直到她離世，這個話題始終是禁忌，就連親戚之間也遵守著這個禁忌，我不去問，也沒人和我提，那堵沉默之牆是無法被克服的。

基本上，決定撰寫此書，才讓我走上了另一條道路，開始研究調查，也到了美國，與我家族那個世代最後還活著的人談話，藉由他們的幫助，試著重新建構我母親的家族史，我的家族史。對我來說，去揭開那個隱藏起來的廣大世界，是很令人害怕的；去了解我母親有多麼地不願承認她的出身，是很令人驚疑的，同時我也很震驚地明白了一件我本來就了解，但在另一個層面上卻覺得很震撼的事情：這個文化近乎扼殺了我母親從一九三三年到一九四五年的童年。我猶如在心中打開了一扇情感之門，開始不再只是知道母親是大屠殺倖存者，更開始感覺到她終其一生沉默的那讓人恐懼、痛苦到難以筆墨的輪廓。

我發現的是：愛麗西亞・恩拉德與她的家庭，一九三九年之前

我母親出生在波蘭羅茲省（Lodz）彼得庫夫特雷布納爾斯基城（Piotrków Trybunalski，位在羅茲省南方三十六公里處，距離華沙一百五十四公里）的一個正統猶太教家庭。彼得庫夫自中世紀建城起就是一個很大的猶太聚落，一九二〇年代末至二戰初期，這裡居住著約兩萬五千名猶太人——有正統派與自由派兩種，後者視宗教為私人事情，他們會去融入居住國的生活型態。

愛麗西亞（Alicija Englard）在一個猶太大家庭中長大，三代人同住一屋簷下，她的祖父亞伯拉罕・道夫・恩拉德（Abraham Dov Englard）在二十世紀初來到彼得庫夫，他和妻子莎拉（Sarah）一起開了一間日用品商店，他們靠著這間商店

獲得了巨大的財富，因此他能夠在彼得庫夫的市中心，也就是在火車站附近買下一間三層樓的房子，恩拉德一家也是城裡第一個擁有電話的家庭，他們是第一名。

亞伯拉罕是極端正統猶太教徒，除了工作以外，他多半專注在宗教議題上，研讀猶太經典《塔木德》與《妥拉》。在他的教區裡，他被視為睿智的男人，人們有宗教方面問題時可以請教他。除此之外，他很熱衷於照顧窮人，因此很受人敬重。他的聰明才智，他的個人魅力，他獨特的才能，是的，還有他的幽默感皆享有盛名，他必定擁有迷人而且特別仁愛的魅力。雖然他要求自己嚴格遵守教條，但是對於其他沒那麼恪守之人，他也心胸寬大。由於自年少時期便為眼疾所苦，年長之後更因而失明，他在妻子的陪伴下訪遍大半個歐洲尋醫，因此他並不是一個古板的鄉

亞伯拉罕・道夫・恩拉德，愛麗絲・米勒的祖父，與妻子莎拉自二十世紀初便居於彼得庫夫。

巴佬，而是一個有教養、遊歷四方的人。當他越來越投入在宗教議題上時，他的妻子莎拉就經營商店。亞伯拉罕和莎拉共有五個孩子，兩個兒子、三個女兒，他們分別是：菲舍爾（Fishel）、梅萊希（Meylech，我母親的父親）、朵拉（Dora）、弗拉妮雅（Frania）與阿菈。

他們的家庭，我母親的伯父和姑姑，就像那個時代生活多樣化的猶太人的鏡像一樣：長子菲舍爾不久後就走上了自己的道路，他醉心於猶太復國主義，而且似乎完全就是個不羈之人，他有一個非婚生女兒艾娃（Eva），兩人在一九二〇年代末期移民巴勒斯坦，加入了以建立以色列為目的的猶太復國戰爭中。後來，二戰結束後，他在一個猶太集體農場工作，就連艾娃也留在了新建立的國家以

一九二三年前的恩拉德大家庭。（由右至左）後排是古塔和梅萊希（愛麗絲的父母）、菲舍爾與他的女兒艾娃、艾娃之母，前排是朵拉、弗拉妮雅與阿菈。

色列。

梅萊希，我的祖父，是次子，他被認為是懦弱、需要幫助的，我母親的表親是這麼形容他的性格的：

梅萊希很拘謹，舉止樸實，看起來很被動、不引人注意。他像他的父親一樣虔誠，但卻始終站在父親的影子裡，他是亞伯拉罕所有孩子中最順從的。他未曾去學習一技之長，而是在父親的商店裡幫忙。他的父親按照習俗也幫他挑選了妻子，雖然他愛的是另一個女人，但是梅萊希遂了父親的心願，他單純就是不敢反抗父母的權威，他不想也無法按自己的意志行動，即便因父母的管束而受著苦，他依舊保持沉默，接受了自己的命運。

愛麗絲・米勒的父母：古塔與梅萊希・恩拉德

梅萊希的妻子，我的祖母，名為古塔，來自彼得庫夫附近的村莊凱爾采（Kielce），出身於一個很單純的家庭，我母親的表親是這麼說的：

古塔很有野心，她冷漠而無情，她必須不斷地督促她的丈夫。梅萊希與古塔之間沒有感情的連結，他們一直都很疏離，那就是一段被安排好、規定好的關係，這段關係對雙方來說基本上都是種折磨，雖然接受了這個決定，但內心卻是拒絕的。古塔用盡一切努力想讓家族接受她，但是沒有成功，她並未特別聰明，而且沒受過什麼教育。

在菲舍爾和梅萊希兩個兒子之後誕生的是三個女兒：朵拉、弗拉妮雅與阿菈。朵拉和一位華沙的醫生結了婚，並搬去了首都，她在那裡生了一個兒子，直到戰爭爆發之前，她和家人們都以自由派猶太人的身分過日子，但全都死在了華沙的隔都。

弗拉妮雅很年輕的時候就在柏林和一位相當有錢的商人結了婚，這名商人叫亞可．門德斯容（Jarkor Mendelssohn），他的父親本身就是一位很成功的商人，他從俄羅斯進口木材到歐洲。一次大戰爆發後生意中斷，這對年輕夫妻便搬去了哥本哈根，並在那裡生下了他們的第一個孩子阿菈，她如今住在美國。一九二〇年代初期，阿菈的父母回到柏林，她的父親開始重建新的生意。亞可．門德斯容專攻不動產，創立了一間不動產抵押銀行，並購買下他所管理的不動產。他們在柏林又生下了兩個孩子：艾斯特（Esther）與馬塞爾（Marcel）。門德斯容一家生活得很自由，而且過著很奢華的生活。

我曾祖父最小的女兒叫阿菈，她是老么，享有許多自由，相較於其他兄弟姊妹，她被允許就讀一所彼得庫夫的公立學校。阿菈在宗教世界與「世俗」界之間來回往返，並因此結識了她後來的丈夫布尼歐．促斯曼（Zussman）。布尼歐比較年長，他出身自一個正統教派的家庭，但他決定要過自由的生活。阿菈嫁給了布尼歐——這是一段因愛而結合的婚姻——他們主要來往的是波蘭籍猶太裔自由教派群體裡的中上階層，大部分都是高知識份子——醫生、律師、藝術家等。這個群體的代表人物大都融入了波蘭社會，而他們使用的語言也不再是意第緒語，而是波蘭文。

這五個亞伯拉罕・恩拉德的孩子，也就是愛麗西亞的伯父與姑姑們，呈現出了我母親童年時期的社交環境究竟有多麼的多元。菲舍爾代表的是猶太復國主義的戰鬥思維與猶太愛國思想；弗拉妮雅生活在柏林的上流社會；愛麗西亞的父親梅萊希繼續奉行正統教派的傳統；朵拉嫁入了中產階層；而阿菈則生活在自由派的波蘭籍猶太裔知識份子之中。這個家族裡的所有成員都很富有，物質充足，有能力雇用員工，並且擁有足以讓大家庭入住的房產。即便個別家庭成員代表著不同的文化觀，這個家庭仍然很團結，這種團結是由祖父亞伯拉罕・恩拉德確保下來的。

在這樣的環境之下，古塔與梅萊希的長女愛麗西亞於一九二三年一月十二日誕生了，她的妹妹依蕾娜（Irena）則在五年後來到這個世界。愛麗西亞是一個不尋常的小孩，也就是所謂的難帶的孩子，我的所有訪談對象都一致認同這點，她的表親伊蘭卡・陶雷克（Irenka Taurek），也就是阿菈和布尼歐的女兒，是這麼形容的：

你的母親是一個很聰明的孩子，但是卻不是很融入社會，她總是躲在自己的世界裡，大部分的時間都在閱讀。她常常對他人表現得很自負，同時展示出自己是多麼地凌駕於他們之上。她有很強的批判性，精準地觀察他人的所作所為。她不斷地問問題，不讓人休息，她從很小的時候就一直貫徹著自己的意志，她很固執，從不放棄任何任何自己腦中的主意。她很早就表現出對正統猶太教的批判態度，並且堅持也要像她的姑姑阿菈一樣就讀公立的波蘭學校，而她的妹妹則必須去上猶太學校。

愛麗西亞很早就認為，她在猶太學校能學到的東西太少，而且會很無聊，但是相較於她的姑姑阿菈，姑姑在公立學校裡也能打開社交圈，而且擁有波蘭人的朋友，但愛麗西亞一直都很孤僻，迴避結交太過親密的朋友。她在學校裡也是獨來獨往的，所有人都覺得她很不信任別人，似乎認為其他人都對她帶著敵意，她高傲的態度肯定也是一種與人保持距離的保護措施。事實上，愛麗西亞有個很好的童年生活，她總是能得到所有她想要的東西，大家都會讓步，畢竟大家都想要獲得安寧。

她特別常——甚至是在我出生之前——待在我父母的家裡。阿菈和布尼歐住在布尼歐雙親的大房子裡，他的父母也是正統猶太教徒，不過態度寬厚一些。我的父母以被波蘭同化的猶太人身分很自由地生活著，那個世界對愛麗西亞而言有著神奇的吸引力。我母親說，愛麗西亞覺得比起和自己的父母在一起，在他們家裡更是舒服，她常常和自己的父母吵架，而在我們家卻能加滿能量。

她無論如何始終都拒絕接受正統猶太教世界，我想她應該是以自己的父母為恥的。她的父親不只非常虔誠，也是一個軟弱的男人，事業上沒什麼成就，經濟上一直仰賴著他自己的父親，無法自立。愛麗西亞覺得自己的母親嚴厲又虛榮，而她與妹妹依蕾娜的關係也很差。依蕾娜是一個非常活潑外向的小孩，她很喜歡玩耍，並不想一直看書，她享受生活，凡事不會看得太認真，這完全與愛麗西亞不合。她看不起自己的妹妹，這樣的姊妹關係直至愛麗西亞過世都沒改變過，即便妹妹嘗試在她走到生命盡頭之際透過書信與她和解，但是也沒成功，尤其是愛麗西亞，她一再地阻擋這段關係的和睦，就算她們共同在戰爭中存活了下來，也無法對這段負面關係有一丁點兒改變。

愛麗西亞一家從一九三一年至納粹掌權之前，曾住在柏林的門德斯容家，亞伯拉罕・恩拉德拜託他的女兒弗拉妮雅幫她哥哥在柏林她丈夫那裡找一份工作。愛麗西亞很喜歡柏林的生活，從富足的父母家進入了一個財富世界。她的表姊阿菈，也就是弗拉妮雅的大女兒回憶道：

我那時已經十五歲了，你的母親才九歲，但我覺得和她是以平等的高度溝通的。她非常的聰明，她來柏林的時候一句德文都不會，兩個月之後，她幾乎能完美地掌握這種語言了。愛麗西亞在柏林過得很開心，我們一起在我們家萬湖邊的房子裡享受了夏季時光。

希特勒掌權後，我父親必須離開柏林逃往巴黎，我們小孩子則和母親回到了波蘭，住在華沙附近。愛麗西亞和她的家人又回到了彼得庫夫，我認為對她來說，要離開柏林很困難，如果希特勒沒有上台的話，她和她的家人一定不會再回到波蘭的。

一年之後，弗拉妮雅姑姑和她的小孩又回到了柏林，她試著搶救能夠搶救的東西，賣掉了銀行和房產，帶著孩子搬去巴黎找丈夫亞可。在德國人快抵達巴黎之前，這家人又開著車逃向了西班牙和葡萄牙，他們在那裡待了一段時間。然而當德國人再次進逼西班牙的邊界時，他們繼續逃往了美國。阿菈和她的妹妹艾斯特留在了美國，弟弟馬塞爾和父母則在戰後又搬回了巴黎，如今住在以色列。

十歲的愛麗西亞回到彼得庫夫後繼續在波蘭學校唸書，她必須在日常生活中，在這個身為猶太人卻不想當猶太人的女孩所面對的所有問題之中，找到自己的定位，前後六年的時間——直到戰爭完全摧毀她的生活為止。

真實的自己與主觀的世界

有趣的是，所有與我談過話的親戚，全都未曾想過我母親有可能在她的童年時期受苦，在她們的眼中，直至戰爭爆發之前，我母親應該擁有一個美好、而且還很理想的童年。她很受寵，往往想要什麼就能得到什麼，她並未受到物質缺乏之苦，可以閱讀並全心接受教育，家裡甚至還有佣人，因此也用不著做家務。

我母親與她父母之間有關宗教方面的歧異雖然是大家都知道的，但是沒人當真，她的伯父與姑姑們可能也覺得梅萊希大女兒的反抗行為很有趣，而他們這些人則是幾乎都和梅萊希不同，他們選擇了自由的道路。

我母親的感受與他們不一樣，她一輩子都拼命地指控自己的父母，在她離世之前，她簡直就是糾纏著她那些尚存的親戚，想證明自己的父母過去對待自己的方式有多糟糕。我並未親身經歷這個階段，我們在那個時期並無聯繫，但根據我的經驗，她會認為他們絕對可以理解。

這種觀點上的差異該如何協調呢？我認為，可以確認的是，我母親過去是一個脆弱而且非常敏感的孩子，她的憤怒有其理由，而且就是她周遭環境毫無同情心的行為方式所造成的後果。相較於那些已成年的親戚們的感受，她在自己的身體上體會到的是，她的疑問、她的批判都被解讀為不服從的行為，並且遭到了處罰，無論是父親、母親，或是她那位與父母顯然彼此之間較無衝突的妹妹，都無法了解這個憤怒的女孩。或許除了姑姑阿菈及姑丈布尼歐以外，她沒有其他盟友了，她在阿菈的家度過了許多時光。即便如此，她還是覺得自己被交給了母親處罰，她認為父親軟弱而昏愚，妹妹則是相應的競爭者。愛麗西亞做出的反應是退回自己的世界裡：她的親戚告訴我，小愛麗西亞很孤僻，她躲在自己的房間裡看喜歡的書，她沒有朋友，而且從來就不想和其他小孩玩。人們都說她很高傲，同時對其他人很不信任，這也是一種辯解，好讓自己不斷地從社會連結中抽身。

用她自己的理論來表達的話：她有過痛苦的經歷，如果身為孩子，卻想讓一個與家庭價值相違背的自我活著的話，通常會處在完全孤立的狀況，她沒有權利表達自己的意思，她會被打分數與洗腦。出於這種經驗，這個小女孩心中確立了一種主觀認知，此認知在她成年後的人生中尤其凝聚成了她的論點，即猶太教總歸是個迫害的、壓迫的、不人道的意識型態，對小孩來說，此宗教與文化主要會體現在他們的父母身上，挑起一種日常的求生之爭。

任何人在這種情況下都會發展出一個主觀的內在世界，這個世界就連在未來也會對當事人的行為產生決定性的影響，這種影響強烈到即使是新的體驗，也多半被融合到既存的架構之中，而且不一定會造成這個架構的改變，而是強化了主觀世界與由之而產生的知覺感受。我母親所描繪的童年經驗有個特點，即她並不是因猶太人身分在歧視的環境裡遭遇了外在生存危機，而是在家庭之內遭到宗教規矩的壓制束縛。愛麗西亞覺得自己是被家人們忽視，而非社會環境，這種內在的心理座標系統，後來就變成了她心理學理論的基礎。

4

被否認的創傷

倖存者

我母親所說的是：「我必須殺了我自己」

我母親的德語書籍出版社蘇爾坎普（Suhrkamp），其網頁上的她的生平簡介是以下面這幾句話開始的：「愛麗絲．米勒，一九二三年一月十二日出生於波蘭，她在巴塞爾（Basel）攻讀哲學、心理學與社會學。獲得博士學位後，在蘇黎世接受了精神分析師的職訓，並從事該職業二十年之久。一九八〇年，她為寫作放棄了執業和教職。」

在我母親的網頁上寫的是：「愛麗絲．米勒（1923.1.12-2010.4.14），哲學、心理學暨社會學博士，童年研究學者，著書共計十三本，已翻譯成三十種語言，為了寫作，於一九八〇年放棄了精神分析師的醫職與教職。」

如今看到這些敘述，我感到一頭霧水，主要是由於那些未列出來之事，她人生的真正戲碼並沒有呈現出來，被迫害的歲月隱沒了。然而，我母親這輩子正是維持著如此的模樣，而且還不只這些：她也允許那些有關她人生的不實部分流傳，是的，某部分是她自己散播出去的，也就是洛斯托夫斯卡這個原生姓氏。我們如今已經知道，這並非她的原生姓名，洛斯托夫斯卡是她的假名，是她的偽身分，一九四一至一九四五年間，她用這個名字在華沙存活了下來。戰後她仍繼續沿用這個名字，並將之報給了瑞士移民局。這是為什麼呢？她從未解釋。

她的家人成功將她從華沙隔都送出來，並將她以假名安置在一個基督徒家庭中，這些是我們在維基百科上可以讀到的內容，不過這並不符合事實；還有，她的親眷全都未逃過華沙隔都的殺戮，這也不是事實。愛麗絲．米勒為什麼沒有糾正這些錯誤？我從沒問過她。

我母親直到我大概四十一歲時，才片段地將了華沙那段時期的概況告訴我，我覺得她的話語中帶著些控制與回顧的意味，彷彿同時使用了某種審查系統，以方便逃離狀況，並迴避回答不舒服的問題。有關一九三九至一九四一年間，她的故鄉小城在德國入侵波蘭後直接發生了什麼，她總是閉口不提。

我記得她敘述時，語調在強烈的攻擊性與極度的恐懼間起伏不定，攻擊性大致是針對她的母親與妹妹，她同時幫助她們藏匿且活了下來。在她的描述中，她的母親一再面臨生命危險，被動又頑固，據說還拒絕否認自己的猶太身分，在一九四一年時，還因此難以找到住所，而讓愛麗絲也面臨了生命危險。無論如何，愛麗絲責怪母親害她落入了一個敲詐之人手中，此人威脅要將她告發給德國佔領軍。她很憤怒，不斷向我說著，她必須將自己的珍珠做為報償交給那人，那是「最後的首飾」了，而這都是她母親的錯。後來我在寫這本書時，我常常自問，這是否就是全部的事實？愛麗絲．洛斯托夫斯卡是一個非常漂亮的年輕女子，我猜測那個敲詐者感興趣的不會只有錢和首飾。

無論如何，愛麗絲．洛斯托夫斯卡成功為她母親在鄉下安排了一個藏身之處，她十二歲的妹妹依蕾娜則被她帶到華沙隔都附近的一個修女院安排受洗，讓身分偽裝不會露出破綻，她憤怒地說到，她因此而被母親嚴厲指責。她自己也在修女身邊生活了一小段時間，修女們知道她的祕密，但她們都保守住了。

她對我闡述的事實便是如此之少，但她一遍又一遍地對我強調的，是完全否認自己後所造成的重負，是她關鍵的存活策略：

出於對死亡的恐懼，我完全無法再知道自己是誰了，我必須強迫自己完全地自我掌控。我害怕的不只是被納粹認出我是猶太人並且被殺害，而是害怕我自己內在的活力，我害怕的就是無法維持住足夠的控制力，我覺得自己就像一個母親，為了養育孩子而必須付出一切代價，讓孩子不會在大眾面前丟父母的臉。我開始長期觀察我自己，我最恐懼的主要是我自己，而不再只是外來的威脅。我必須抹去所有我的人生經歷，我必須一再地告訴自己，我不可以再當猶太人了，我是一個波蘭人。我必須改掉我的名字，我必須接受一個波蘭身分，所有一切可能出賣我的事物，都必須分離出去，並且遺忘。為了活下去，我必須有所改變，我必須從自己身上虛構出一個全新的人，一個假的身分，我必須學會在公開場合以新的身分正確地展示自己，我覺得自己雖然活著，但總歸得殺了我自己，才得以存活下去。

還有另一個事件，她為了說明強迫自己否認人生有多殘忍而對我講了又講：

即便活在地下，還是不斷地遭遇到可怕的生命危脅，我畢竟也是一個年輕的女孩，我不想疏忽自己身體的護理需求，所以我出門去了髮廊剪頭髮，一般來說，這是個會讓人感到開心的舉動，而且不過是生活裡非常普通的事，但我在髮廊裡卻突然被嚇得半死，我聽到身後有個年輕女子歡喜地叫到：「哈囉，愛麗絲，你好嗎？你在華沙做什麼啊？」我立刻認出那是我以前的同學，她認識我。我覺得自己那一刻落入了高度的生命危險之中，而能夠拯救我的，只有全面的自我否認，於是我冷冷地答道：「抱歉，我想您搞錯了，我不認識您，您一定是認錯了。」

對我個人來說，說這些話是種可怕的折磨，這位年輕女子是我童年與青少年時期唯一一個要好且有著多年情誼的朋友，在那一刻我知道，為了活下去，我要完全消除我過去的人生，變成一個根本不存在的人造人。我與我的新波蘭名愛麗絲·洛斯托夫斯卡根本沒有任何關係，我的名字是愛麗西亞 恩拉德，但是這個人生已經不存在了。

我發現的是：

存活於華沙的愛麗絲．洛斯托夫斯卡，一九三九～一九四五

一九三九年九月一日，希特勒的軍隊進攻波蘭，首先是用轟炸的，連彼得庫夫也遭到了猛烈的轟炸，這個小城在一九三九年九月四日就已經被德軍佔領了，此後直接開始了對猶太人的迫害。

阿菈和布尼歐的女兒伊蘭卡．陶雷克當時是個五歲的小女孩，她回憶道：

我們所有人都被飛機的攻擊嚇得半死，我的父母阿菈和布尼歐、你的母親、她妹妹與她的父母、祖父母、還有布尼歐的父母，我們全都逃到了附近的森林裡，尋找躲避炸彈的地方。第一次進攻結束後，我們回到家裡，我們的房子還矗立著，我

們希望一切都只是場惡夢，但是兩天之後，德國人發動了決定性的攻擊，我們再次逃進了森林，當我們抵達森林時，那裡已經因為轟炸而燃燒起熊熊的火光，我和父母站在一條狹窄的林間道上，家族裡的其他成員還躲在森林裡，突然，一輛車出現了，裡面坐著一位我父親的遠房表親，他的父母在華沙有紡織廠。這位表親已經拿到了前往巴西的過境簽證，他請我的父母一起上他的車。我父母起初是拒絕的，他們不想丟下其他家族成員，但這位親戚勸他們逃亡，要他們為孩子，也就是為我想一想。我們的心情沉重了起來。車子裡面還剩一個空位，我父親布尼歐認為愛麗絲應該跟我們走，他覺得這場戰爭不會超過六個月，他們很快就能回來了。愛麗絲那個時候十六歲，已經相當成熟了，她果斷地拒絕了，她覺得不能丟下自己的家人。許多年後愛麗絲向我坦言，她後來對這個決定非常後悔，她認為如果當時跟我們走了，那麼她的人生或許會不一樣。於是，我們留下了其餘家人，驅車前往烏克蘭的第一個城市利沃夫（Lwiw），其他家人後來又回到了彼得庫夫，對某幾位家族成員來說，這意味著宣判死亡。

愛麗絲和她的家人在與阿菈和布尼歐分開後又回到了城裡，他們在德軍佔領後遭遇到的事，就不再一一贅述了，不過在「www.holocaustresearchproject.org」這個網頁上可以看到彼得庫夫的猶太人所受到的迫害，我會結合這些資料來綜述這個小城的戰爭歷史。根據見證者們的陳述，我們可以想像我母親在彼得庫夫的隔都內經歷了什麼：在一九三九年十月九日，彼得庫夫的隔都設立之前，恩拉德一家尚生活在他們熟悉的環境裡，接著愛麗絲全家人像其他人一樣被沒收了財產，同時必須搬到城裡另一個貧窮很多的區塊，也就是隔都居住。當時在彼得庫夫有六千名猶太人，但是經過一連串在周遭村莊與城鎮的搜捕後，隔都的人口膨脹至兩萬八千人。一九三九年十月二十八日，隔都已被牆圍了起來，並且嚴格看守，人們就像在監禁營中一樣遭到了羞辱與折磨，並且強制勞動，許多人死於飢餓、疲憊或者強迫勞動。貧困程度難以形容，充斥著極端的獨裁，殺害猶太人是不會受到制裁的，布尼歐的父母也被殺害了。

漢卡．齊格勒（Hanka Ziegler），一個九歲的女孩，和她的家人在戰爭之初從羅茲來到了彼得庫夫的隔都，她還有四個兄弟姊妹，她的陳述很好地傳達出了隔都裡的生活景況是如何地可怕與危險：

我們全家七口在一個小房間裡，突然又進來了十四個人，我必須和哥哥一起睡在一張椅子上，非常不舒服。我父親很努力地設法為我們弄來吃的東西，但卻因此被抓進了監獄，我從此再也沒見過父親，他應該就是在監獄裡被殺了吧。我母親嚇壞了，她很無助，無法照顧我們了，因此我和哥哥必須為全家人弄來食物，因為我又瘦又小，哥哥非常機伶，所以我們很快就成了專家，知道怎樣能弄到麵包和馬鈴薯。我們冒著生命危險偷取食物，起初我們能輕易地越過隔都的邊界，把食物也賣給隔都外的波蘭人，我們小孩就這麼養活了全家人，但是不久後這種方式就不能繼續了，因為隔都被與其他世界隔離的時間到了，我們像動物一樣被封鎖了起來。

一九四一年六、七月間，德軍揭發了一個隔都內的猶太地下組織，該組織的領頭人和跟隨者立刻就被逮捕與刑訊，接著被運送到奧斯威辛並在那裡遭到了殺害，隔都內的人們則被告知，這些人全都生病死了。

不過地下組織仍繼續運作著，甚至還有一份地下報紙，報紙上報導了猶太人從維爾紐斯（Vilna）與其他地方被強行帶走運送到集中營，海烏姆諾（Chelmno）與特雷布林卡（Treblinka）兩處都有滅絕營。報上也說了佔領軍有意清理隔都，將所有猶太人運送到集中營，在那裡用毒氣殺死他們。沒有人願意相信這些，這太可怕了。

一九四二年十月十三日，所有還留在彼得庫夫周邊的猶太人被強行送進了隔都，接著武裝黨衛隊與烏克蘭的軍隊在黨衛隊高級突擊隊指揮官威利・布魯姆（Willy Blum）的指揮下包圍了隔都。一九四二年十月十四日深夜兩點，黨衛隊開始「行動」，每間房子都被徹底搜索，所有人被趕到猶太大教堂前的廣場上，老人與病人當場遭到了射殺，其餘的人被聚集到主廣場上並分成了兩隊，兩千名有工作能力的年輕男性配予了工作證後又送回了隔都，剩下的兩萬兩千人，有年老男人、女人與小孩，全被送進車廂運往特雷布林卡，在那裡遭到了毒氣殺害。

約書亞．西格爾（Joshua Segal）曾在霍滕西亞（hortensia）玻璃工廠裡被強迫工作了三年，他是這麼形容家人的揀選與隔都的清算：

每個人都必須聽從命令到街上集合，有一個黨衛隊的軍官命令所有有能力工作的人站到一邊，我哥哥和我便走到那位軍官向我們指示的地方，接著有一位軍官巡視了一遍等待者的行列，將他們分往左側或右側，擁有工作許可證的猶太人必須排到左邊，其他家庭成員則站到右邊。

當他們走到我的家人面前時，他們將我父親與他的妻子、我的妹妹們分了開來，但是我父親拒絕丟下家人，他說：「我要和妻子一起走！」他走向左邊陪伴家人。

德國軍官的揀選結束後，士兵們包圍了猶太人群，動身走向火車站，猶太人像牲畜一樣被裝進車廂，沒有食物和飲水。他們告訴大家，他們將被安置到一個工作營裡。火車開過了我們工作的玻璃工廠，我聽見了火車頭的嗚嗚聲，我知道火車裡載著什麼人，但我沒有抬起頭來看，可惜當時我並不知道我自己的家人就在這列貨車裡，這是輛死亡列車，我再也沒有見過我的家人，當年我十五歲，我哥哥十九歲。

我的曾祖父母亞伯拉罕·道夫·恩拉德與他的妻子莎拉也在這次的運輸中被送至了特雷布林卡，他們在那裡死於毒氣，他的名字被註記在一份有關此次運輸的西班牙報導中，那是我在以色列猶太大屠殺紀念館的網頁上找到的。

這就是一九三九年九月以後愛麗西亞·恩拉德的世界，她究竟有多恐懼、有多絕望，那是無法想像的，不過即便如此，她還是成功將她的家人，至少是她的母親與妹妹救出了隔都。她的表姊阿菈，也就是她阿姨弗拉妮雅的女兒說：

愛麗絲一直都很聰明機伶，她總是能想到辦法，從隔都內救出她的一部分家人，這對她來說是理所當然的。她很快就和地下組織建立了關係，透過這個組織，她能夠聯繫上隔都外的波蘭人。由於她長得不那麼像猶太人，而且說得一口流利的波蘭文，這是許多猶太人做不到的，因此她完全可以考慮在隔都之外生活下去，於是她設法用假名弄到了一份身分證明文件：從那時起她就叫愛麗絲．洛斯托夫斯卡。

逃離隔都後（大約是在一九四〇年七月），她動身前往華沙，她報名了地下大學，以大學生的身分教課並以此賺錢。新的生活建立起來後，她也為她的母親古塔和妹妹依蕾娜弄來了假證件與假身分，因此她能夠在一九四二年的大揀選之前將這兩人救離隔都。然而她卻必須將父親梅萊希留在隔都，因為他病得很重，而且他的波蘭文很不好，馬上就會露出馬腳。梅萊希獨自一人因病死於一九四二年。

以猶太人的身分在華沙的「雅利安人」區存活下去意味著什麼？文學評論家

馬塞爾・萊希–拉尼基（Marcel Reich-Ranicki）曾在他的著作《我的一生》（*Mein Leben*, 1999）裡形容過。透過他的回憶，我終於能夠更好地去理解我母親當時的處境，我想藉此讓她的生活狀況更加清晰鮮明地浮現出來：萊希–拉尼基和他的家人，以及他未來的妻子托希雅（Tosia）一起進入了華沙的隔都，他很快就在當時的猶太委員會裡取得了一個很特別的地位。猶太委員會是為納粹管理隔都的單位，是與佔領軍的接觸處，他在那裡當翻譯，因此有機會獲得關於如何存活下去的重要資訊。就這樣，不久後他獲知黨衛隊決定將華沙隔都內的居民運送到集中營，並在那裡殺死他們。他開始和朋友計畫逃出隔都：「此次冒險極度困難，同時又存在著巨大的風險。隔都之外的人如果知道某個猶太人的存在且並未立刻告發，或者甚至還幫助他、給予留宿，此人將面臨死刑——連帶他的家人一起。在「雅利安人」區被揭發的猶太人——因為許多人早在「第一行動」（即送往隔都）之前就逃跑了，或者完全未進入隔都——多半立刻就被射殺。」

一九四三年一月十八日，將猶太人從隔都送往特雷布林卡的第二行動開始，萊希─拉尼基與妻子成功和幾位友人逃出了隊伍，他們躲在隔都一間房子的地窖裡，萊希─拉尼基將一個猶太人在「雅利安人」區可能活下去的機會形容成一種幾乎是超越常人的艱辛：「在一月的集中營運輸之後，如果想躲過必然遭致的死亡，就必須……一定且盡可能快地逃出隔都，但是若要讓一個猶太人能夠在城裡的『雅利安人』區域存活下來，需要三個先決條件。第一：為了購買假的身分文件需要有金錢或貴重物品，更別提還要將被敲詐考量在內。第二：外貌與行為舉止不能讓波蘭人懷疑你可能是猶太人。第三：必須在隔都之外擁有非猶太裔的友人，而且他們也願意提供幫助。」

萊希─拉尼基與妻子很明白自己無法滿足這些存活要件，但他們還是和朋友們一起達成了金錢方面的條件，並且更深入地考慮逃亡。儘管如此，萊希─拉尼基對在『雅利安人』區域存活下來的機會仍舊形容得極其不樂觀：「……我對於逃到『雅利安人』區的機會並不看好，我害怕持續地依賴每位鄰居、每位路人，我非常清楚任何人都可能告發我，我認為在隔都之外迅速喪命的機率約是百分之九十九，但是在隔都之內，死亡已經矗立在我眼前，而且這是百分之百肯定的，我必須利用這微乎其微的機會……」

他繼續描述在「雅利安人」區域生命受到威脅的情況：「有上千名波蘭人，而且常常是未成年人，他們沒讀過書、沒上過大學，往往還沒有父親，因為許多人的父親成了戰俘，這些不學無術且無所事事的人，就整天用懷疑的目光觀察著所有路人：他們無所不在，尤其是隔都邊界附近，他們尋找著、獵捕著猶太人。他們精於這種捕獵，而且還充滿熱情，他們能辨別出猶太人，不會弄錯，這究竟是為什麼呢？如果不是有其他特徵，那麼可能就是——據說——從那對憂傷的眼睛辨認出來的。」

如此一來就很明白了，只有成功不被認出是猶太人才可能存活，即便機會非常之小。如果必須離開藏身處，萊希—拉尼基選擇使用以下的「偽裝」：「我為自己弄到了一份《人民觀察家報》（*Völkische Beobachter*）[1]，手上拿著它，將報紙標題上的納粹十字明顯地露出來，然後快步走在街上，步伐有力，高昂著頭，我希望敲詐者與告發者會把我當成一個古怪的德國人，人們應該寧可走路時不去撞到這種人。」

這種性命攸關的躲藏遊戲也決定了我母親超過四年日復一日的生活，就在她十八至二十二歲之際。由於我母親與波蘭地下組織的聯繫，她得知波蘭的地下軍隊計畫要反抗德國人，當俄國人推進到了維斯瓦河畔時，起義的波蘭人已經沒有任何阻礙了，反抗行動在一九四四年八月一日爆發，這是二戰期間在被佔領的歐洲地區最大型的武裝起義，義士們與德國佔領軍對抗了六十三天，直至戰況無望而必須投降為止。

愛麗絲的表親告訴我，當時二十一歲的愛麗絲與十六歲的依蕾娜趁著起義時的混亂冒死渡過了維斯瓦河尋求俄方的保護，愛麗絲在那裡的一間野戰醫院工作至戰

1 譯註：《人民觀察家報》是一九二〇～一九四五年間的德國納粹黨機關報。

爭結束，於斯的所見所聞，盡是戰爭的可怕。

戰後愛麗絲和依蕾娜移居到了羅茲，她們的家族分崩離析，許多人死去。她們的祖父母死於特雷布林卡集中營裡的毒氣；姑姑朵拉和丈夫、兒子死在了華沙的隔都；阿菈、布尼歐以及小伊蘭卡的逃亡由於俄羅斯而倖存了下來，但卻被帶到了西伯利亞強制勞動，一九四五年才返回羅茲；弗拉妮雅與她的家人跨越了法國、西班牙、葡萄牙至美國而得救；長子菲舍爾與其女艾娃，戰爭期間於巴勒斯坦與猶太復國主義份子站在了同一陣線，並投身以色列的建立；梅萊希，愛麗絲的父親，死在彼得庫夫的隔都；愛麗絲自己、她的妹妹依蕾娜與媽媽古塔都得以倖存。

以假的自己存活下來

一九三九年九月，彼得庫夫的那場森林大火中，我母親決定要對家人承擔起負責任的角色，而拒絕了她小時候就很享受的親戚家的自由生活，這是為什麼呢？即便她從未對我說過森林裡那決定命運的時刻，她也不曾疲於抱怨自己必須想辦法讓父母與妹妹活下去，雖然她實際上對自己的家人是不太認同的，她覺得自己被命運壓迫著，對那些她根本不喜歡的人展現出愛。

自從我知道了她的決定之後，我終於明白了她憤怒的緣由：比起自己的家庭，年輕的愛麗絲與阿拉、布尼歐及伊蘭卡之間的關係更為緊密親暱，這三人成為了她真正的關係密切之人，當她在一個性命攸關的處境下被置放到了抉擇關頭，究竟該選擇自己的感受還是——要像傳統要求的那樣——選擇家人呢？我想，當她決定選擇自己的家人時，她也承擔起了家人安全的責任。

即便她的內心和家人站在完全對立的位置，我母親為了家人犧牲自己的這個決定，卻是孩子由於父母而親職化的典型範例。尚處於青少年時期的愛麗絲察覺到父母的無助，於是承擔起了成年人的角色，她無法逃避這個任務。我相信母親的這個經歷，也在無意中導致了幾十年後她在書中寫下了有關批評父母行為的理論。我母親應該在自己過世前不久，在她表妹伊蘭卡面前表現出深深的羞愧，這也證明了做出決定的那個剎那有多關鍵，因為她懊悔於戰爭那時拯救自己家人的行動。

即便如此：在戰爭時極盡地塑造出一個假的自我，這拯救了我母親的命。這種創傷經驗的悲慘後果是，愛麗絲·米勒體內永遠地留下了兩個不同的個體，一個是反骨且叛逆的愛麗西亞，她反對規矩，而且從小就致力於爭取人最根本的自我之存在權利，另一個則是幾乎無法看見的愛麗絲，她為了確保自己的存活而完全屈從於適應之縛，導致了一種矛盾的緊張關係：在被迫害的情況下認同於身為猶太人的自己——這是她一直以來所拒絕接受的自己，但是卻又必須不顧一切代價地將這個自己隱藏起來。

愛麗絲．米勒後來的人生，也就是我們後續將會述說的，便是持續地在這兩極的緊張區域與矛盾之間擺動，她一再地陷入一些對她而言完全只能被別人牽著鼻子走的人生處境，並眼睜睜地看著自己否定自己。後來她又為了擺脫這種棘手的狀況，找到了出路，嘗試著活出真實的自己。然而，她一直都懷著極大的恐懼，害怕這份自由被剝奪而再度落入完全不自由的適應之縛中。我曾在她晚年時問過她，為什麼她要隱瞞她自己以及我的猶太身分？她回答道：「我非常害怕有一天我會因為用假名隱藏起猶太身分而遭到逮捕，我幾十年來都害怕著納粹會過來把我關進集中營，對我來說，我的真實身分有可能會出賣我，這種想法非常令人難以承受。」——愛麗絲．米勒從未克服她的戰爭創傷，這些可怕的經歷成為了抹滅不了的印記，持續地影響並且決定了她整個人生。

記者暨電影編劇鄂爾文．萊瑟（Erwin Leiser, 1923-1996）出版了一本與他的電影《劫後餘生》同名的著作，內容描述的是逃過大屠殺的那些人的際遇與命運，他非常生動地呈現出倖存後的人生是如何繼續下去的，主要就是掙扎著到底要不要繼續活著。倖存者們被囚在他們經歷過的事情裡，很少人能脫離這個監獄，他們一直都很孤獨，覺得完全不被人理解，他們既定要死，無法再復活。

他精確而情感細膩的文字不只幫助我認識了一九四五年後我母親人生中被隱藏起來的根本因素，也讓我重新評價了母親對我的態度。那些影響了倖存者人生的原則，效果就如同刻入石頭的規則。對我來說，這些原則為下面的問題提供了答案：

為什麼我要面對這堵與我對立的沉默之牆？為什麼我小時候從不敢提出好奇的疑問？「受害者不說，這種沉默的原因各自不同，受害者知道，未身歷其境，沒有人能真正了解他的經歷。」（出自萊瑟）

為什麼我的母親從未能好好地享受生活？為什麼她那麼難以融入社會？為什麼她常常莫名其妙地攻擊我？

奧斯威辛的倖存者艾力・威瑟爾（Eli Wiesel）曾在萊瑟的書裡提出了以下的答案：

他們吃，他們笑，他們愛，他們追尋金錢、名聲與認可，和其他人一樣，但這並不是事實：有的時候，他們是在無所知的情況下玩樂……這些人被截去了身體的一部分，不是腳或眼睛，而是他們的生趣。他們曾經親眼所見之事遲早會浮上檯面，全世界都將震驚，並且不敢去直視這些心靈殘疾之人的眼睛……他們不是正常人。

但是他們必須試著在正常人之中活下去。

倖存者們無比期望讓自己的經歷顯得猶如從未發生，他們樹立起一座沉默之牆，將過去之事隔離開來，他們會避開任何喚醒此段記憶的狀況，可惜這麼做並不成功，反而是將下一代織入了那些被分裂出來的恐懼當中，使他們因此被當成人質關了起來，這就是我在我母親的受迫害故事裡的角色：「被迫害者的孩子們會感覺到，在他們父母的過往當中，有著不能被提起的經歷……但是傷口卻會隨著沉默而轉嫁給下一代。」（出自萊瑟）

5

勉強的愛

妻子

我和我父親的關係從來就不好。安德烈亞斯・米勒（Andreas Miller），維基百科上寫到他是一名瑞士社會學家，曾是愛麗絲・米勒的前夫，一九二三年五月二十六日生於華沙，本名安德萊斯・米勒（Andrzej Miller），一九九九年七月二十四日逝於蘇黎世。德軍佔領期間，他在地下大學攻讀社會學、法律與經濟學，除了這些以外，有關他戰時於德軍佔領之下的生活，我一無所知。他在瑞士師從卡爾・雅斯佩斯（Karl Jaspers）與艾德格・薩林（Edgar Salin），一九五一年獲得博士學位，一九五九年取得大學任教資格，接著他在蘇黎世擔任大學特聘講師、在巴塞爾擔任客座講師，一九六五年起成為聖加倫大學（St. Gallen）的社會學教授。我是一九五〇年出生的，他當時二十七歲——和我母親一樣正處於博士學業結束前夕，他們居住的地方很擁擠，嬰兒是種負擔，也可以說：我們的開始並不好，後面我們會再回來談這些。

父親於一九九九年因心肌梗塞病逝，我印象中的他是個藐視我、暴躁而專制的男人，他可以說是用糖和鞭子來教養我的——和那個年代的許多孩子一樣，也就是說，我常常挨打，另一方面又用我最喜歡吃的東西寵溺我，總之他的脾氣是身為小孩的我捉摸不透的。我的父親為何常常對我施暴，我無法回答，我現在認為，他必須透過這種方式來排解與我母親之間的緊繃關係。我並未學習波蘭語，並且是以天主教徒的身分被養大的，這也要歸功於他的影響。

後來——離婚之時與事後——我父親試圖讓我們父子變得親密，即便徒勞，他還是一再嘗試。他盡可能地詆毀我母親，將自己塑造成一個不幸的愛人，而我母親則是冷酷、斤斤計較之人。在我記憶裡最令我感到厭惡的，是他在離婚很久後曾對我承認過自己是反猶太主義者，那些他散播的、有關猶太人的刻板偏見，我就不在此贅述了，但這些成見裡卻充滿了對我母親的恨。

我很清楚，我個人的反感當中混雜著我母親於婚姻初期所說的話，這與那骯髒的離婚之爭重疊在一起，並滲透著我母親對她的「勒索者」居高臨下又惡毒的評論，本書開頭的信件文獻即能讓人一窺我母親對她的丈夫的看法。

我無法確實知道我父母婚姻的樣貌，以及是什麼讓他們在即便極難為對方帶來益處的狀況下，仍連結在一起，但我和許多父母不合的孩子一樣，體會到、感受到的，更多的是雙親間毀滅性的動能，而非對我自己有益之事。因此，懇請您在閱讀接下來的內容時能考慮到我的難處。

壓抑住的恨：我父母的婚姻

我的父母相遇在戰爭結束後的一九四五年，地點是我母親和她妹妹展開新生活的羅茲大學，愛麗絲攻讀的是哲學，那應該是一段滿溢狂喜的生命階段，邁步向前，受到絕對意志的驅使，將戰爭的可怕拋諸腦後。當年她二十二歲，她活了下來，投入生活與學業。

愛麗絲的眾多愛慕者中也有一個同學——安德萊斯．米勒，一個靦腆、拘謹的年輕男子，非常複雜。安德萊斯後來跟我說，他為愛麗絲的美貌所傾倒，但卻不得不感到痛苦，因為他在那些競爭之中並沒有機會贏得這位令人傾慕的女人的注意，不過他很執著，亦步亦趨地跟隨著她。然而，這位追求者卻有著與戰時勒索愛麗絲之人一樣的名字，這是個讓人不舒服的巧合。我母親曾在離婚很久後不經意地告訴了我一段可怕的軼事：「你父親的名字和當年戰爭時勒索我、迫害我的那個波蘭蓋世太保一樣。」她又補充說到：「直到幾十年後，我才藉由那不甚愉快的離婚脫離了你的父親，並因此也擺脫了戰時的那名迫害者。」

波蘭的政治氛圍在一九四五年後很快就陷入了黑暗，被紅軍從德國人手裡解放出來後，波蘭落入了由瓦迪斯瓦夫．哥穆爾卡（Wladyslaw Gomulka）所主導的共產政府手中。可怕的是，不久後又蔓延開一股駭人的反猶太主義，使得二戰倖存下來的少數猶太人非常不安。布尼歐與阿拉計畫離開波蘭，愛麗絲也想要走，她申請的美國與法國的獎學金皆無果，卻獲得了一份瑞士的獎學金。出走已勢在必行，她也很希望藉由這種方式來擺脫她並不愛的仰慕者安德萊斯，根據她表妹伊蘭卡．陶雷克的說法，安德萊斯對愛麗絲而言只是一個死纏爛打的大學同學。但是對我父親來說，情況卻完全是另一回事，他在和我母親進入公開的離婚戰爭時曾對我說：「我愛你母親勝過一切，但她卻冰冷無情，完全不顧及我，她在我不知情的情況下申請了國外的獎學金，而且獲得了瑞士的獎學金，直到要離開的前一週她才通知我，我慌了，因為我不想失去她。」於是他也努力去爭取獎學金，但是在這麼短的時間內是不可能的，最後他說服了一個同學將瑞士的獎學金轉讓給自己，「於是你母親和我一起飛去了瑞士的巴塞爾。」對他來說這是場勝利。

但是另一方面我母親後來曾對我吐露過，當她知道安德萊斯也要一起去的時候，她感到非常震驚。不過她表妹伊蘭卡所記得的又不一樣了：「他們兩人自從離開波蘭後，突然表現得像一對愛侶，牽著手到處散步，讓人無法不覺得他們是真的愛著對方。」

不過憤怒依然是存在的：我母親當時是否已經覺得受到了迫害？觸發了過往的恐懼？她笑著忍受這些是為了安撫這位新的「迫害者」嗎？對外看來一切都很完美，但是如果我把我母親的描述當真的話，她的內心就是完全相反的狀況。

身為心理治療師，我很常在伴侶諮商時遇到這樣的現象：對外一切和諧的兩人，其表象之下卻是暗潮洶湧，這樣的伴侶在愛情開始的時候多半就完全沒有火花，女方起初往往對這段關係就興趣缺缺，但對這個男人執著的追求留下了深刻的印象，由於某種關係，她陷入了一個依賴的位置，並且必會為自己不是孤單一人而心生感謝，但是在這層感謝的表象之下，一開始的拒絕仍繼續滋長著。

套用到我父母身上，我認為愛麗絲即便對這位仰慕者的種種反感，但在移民的困難處境之中，她還是很高興有個來自故鄉之人在身邊，安德萊斯正好在對的時間，在告別波蘭之時，站到了愛麗絲身邊，她想家，覺得自己離鄉背井、無依無靠，她渴望安全感，而他就是與故鄉的連結，他成為她在戰爭那些年裡所有丟失之物的替代品，他利用了這種依賴而終於得以到達我母親身邊，他成為了她在異鄉的守護者——無論如何他是這麼覺得的。

然而他的幸福並未維持多久——而且我很確定他因自己的征服而感到很幸福，我父母的婚姻——總之從我懂事以來——就充滿了攻擊性，他們很平常而放鬆相處的場景，我用一隻手就數得出來，除此之外，米勒家裡永遠爭吵不休，或者總存在著一種不舒服的壓迫感。

我母親後來曾對我說過，到瑞士不久後，就將名字改為安德烈亞斯的安德萊斯，他瘋狂地害怕失去，他用妒嫉壓迫她，常常在公開場合與她爭吵，她一直都想分手，但是始終沒辦到，他會流著淚哀求她留下來，他總是辯說不能在異鄉分手、在經歷過戰時所發生的一切後不能放棄團結一心，而她則一再地回到他身邊。

一九四九年，在倆人完成學業後，他們結婚了。我認為我母親是在反感但又有種危機感的情況下結婚的，她渴望平靜與平凡，她或許也希望那無止境的妒嫉戲碼能就此停止，但是毀滅性的動力仍舊是個問題。大學畢業後，他們決定攻讀博士，兩人住在蘇黎世湖邊的一間小公寓裡，各自忙著博士論文，情感上的緊繃迎來了令人窒息的景況，兩人必須在同一個空間裡唸書、寫作與居住。屋裡沒有暖氣，冬天非常寒冷，我們不難想像如果他們必須在如此狹窄的空間裡帶著負面情緒撰寫博士論文，兩人之間的氣氛會有多麼緊張。除此之外，他們也會彼此競爭，安德烈亞斯是個按部就班但腦筋較死的人，而愛麗絲則早在當時就已擁有了以有創見的方式迅速看到關連性的能力，安德烈亞斯完全未察覺之事，她卻戲謔地搶在了前頭，他或許會覺得自己在聰明才智上是輸給妻子的。即便如此，或者正是因為如此，他似乎一再地強迫她接受自己的系統化行為方式，她抗拒接受，展開了她自小便已熟悉的權利爭鬥，要用自己對人生的理解來生活。兩人的關係轉變成一場爭取自決的長期鬥爭，安德烈亞斯心中偏執的失去恐懼症加劇，於此同時，他的妻子不斷地經由限制與規定看見了自己的內在自由遭到了威脅，彼此的恨意顯然對這段關係的影響越來越大。理性上很難想像在如此有毒的氛圍中竟會想要一起生個孩子，不過我卻在一九五〇年的四月出生了，也許是兩人都感覺到了對平靜的深深渴望，並且產生了建立一個家庭便可以緩和或甚至是解決兩人之間的問題的錯覺。

愛麗絲．米勒與安德烈亞斯．米勒，攝於一九五〇年代。

由於兩人都為自己的戰爭創傷所苦，他們或許也想確保自己真的活了下來，透過孕育孩子來完全地擺脫被殘殺迫害，這似乎是倖存者的反抗。一九五六年，我的妹妹尤莉卡（Julika）出生了，她是個唐氏症寶寶，這在我父親的家族裡曾經出現過，但他卻對我母親隱瞞了這件事，這件事她永遠不會原諒他。於是，家裡正式引爆，尤莉卡在一間療養院度過了她人生的第一年，就連我也被送往一所育幼院待了兩年。

在我的感覺裡，我的父母一直都極為緊繃，而且不斷地忙碌著，我父親日夜工作，我母親則痙攣般地試著爭取一個自由空間，以便擺脫她丈夫的妒嫉包圍。她於一九五三年踏入精神分析界後，開始真正地脫離他，取得屬於自己的領域。不過即便如此，我父母之間災難性的、沒有愛意的爭吵並未有所改變，這些幾乎就是我童年的背景音樂。即便到了一九六〇年後，他們在蘇黎世扮演起上升中的知識分子家庭的開放景象，情況也沒有變化。在母親對我的闡述當中，她將自己形容成這所有社會事物的推動力，我父親與這些東西沒有真正的關聯，她將他的心靈廣度比做了她自己的母親。

我當時太小了，無法判定是非，但是我無疑記得那些賓客、那些熱烈的對話。和我父母來往的都是大學裡的學者，他們探討賀德林（Hölderlin）的詩作，研究哲學與相關議題，猶如建立了一個沙龍一般。對我母親來說，特別重要的是她精神分析討論課上的朋友也能定期來訪，如此一來，她便織起了一個人際網，讓她得以漸漸製造出越來越多與自己以及我父親之間的距離。他們的婚姻對外是有效的，他們是友善的主人家，表現得就像一對知識分子夫妻，不過當家裡的衝突越惡化，我母親就越往精神分析世界裡逃，只有她能真正進入那個世界，父親和我們孩子都只能當觀眾。這樣的表象很完美，還維持了近乎二十年，直到罹患了嚴重的乳癌，我母親才找到力量去推動離婚並執行之。他們在一九七三年離了婚，在婚姻歷經了二十四年之後，基本上只能說——為時已晚。

愛與斯德哥爾摩症候群

我父母不穩定的關係，至少就我母親的態度來說，我們或許以斯德哥爾摩症候群來看待會更容易理解。所謂的斯德哥爾摩症候群，指的是人質對扣留人質者的適應能力，描寫此現象的術語出自一九七三年斯德哥爾摩的一起狹持案，事件中的人質對狹持者產生了正向的情感關係，這個用語在一九七五年德國駐斯德哥爾摩大使館被恐怖份子佔領後進入了我們的語言之中。

人質會在無助與無力的狀態下絕望地抓住這種存活策略，透過無條件的對狹持者委身，在某種程度上能獲得救贖，並較能將威脅視作不存在，人質不再那麼感到受人擺佈，也可能出現人質認同於恐怖行動的情形，也就是自己變成了恐怖份子，以便抵擋完全受制於人的感受，人質將不再是絕對的被動，而是重新獲得了主動的行為能力。

就我看來，安德烈亞斯佔有式的愛，愛麗絲．米勒幾乎是以類似人質挾持的方式感受到的，她將他同等於戰爭時期的壓迫者，證據便是她並未在更早的時候成功離開他。她後來常常對我說，她從一開始就覺得自己像一個俘虜，不斷覺得被監視著。安德烈亞斯確實一再地成功綁住了她，一方面是讓她感到害怕，覺得如果失去他的話，她便無法在這個充滿敵意的陌生環境中生存下去，另一方面則是藉著不斷真正地給予她安全感來誘騙她，儘管這種安全感是很短暫的。就我的角度來看，安德烈亞斯．米勒那想像中的愛，就像一種受到失去恐懼感所驅使的控制。我很清楚，我母親因此在情感上無意識地連結上了於苦難時期在華沙的雅利安人城區學到的感受，為了生存下去，而重複著由過去的「壓迫者」身上感受到的依賴感，我認為她被日後的丈夫所「挾持」一事，也是一種戰爭創傷的延伸。

6

選擇疏離

移民

瑞士的新生活，一九四六～一九八五

如前所述，瑞士的獎學金並不是第一選擇，那是一個離開的緊急出口，畢竟即便到了戰爭與德軍佔領結束後，波蘭對猶太人來說仍然很危險。我母親更希望移居法國或美國，但提供獎學金的機構做出了另一種決定。無論如何，阿菈、布尼歐與伊蘭卡還是陪在我母親的身邊，他們雖然在戰時的俄羅斯進了西伯利亞的勞改營，但都活了下來，另外還有──我們已經提到的──那個後來成為我父親的男人。有關離開波蘭的過程，伊蘭卡是這麼描述的：

我們從羅茲搭車到華沙，城市依舊是被戰爭蹂躪過的樣貌，我們知道，我們將搭乘瑞士航空的班機飛往蘇黎世，我們有幸在華沙的高級飯店裡過夜，那是唯一一間沒有被德軍毀掉的飯店，因為德軍自己也使用它。我永遠不會忘記我們在那裡住得有多好、吃得有多好，然後我們準時從華沙起飛，久久地離開了我們那雖然很親愛的波蘭。我們在蘇黎世降落，有個我父親的表親來接我父母，愛麗絲和安德烈亞斯則立刻動身繼續前往巴塞爾，我的父母搬到了羅加諾（Locarno），他們在德欣（Tessin）度過了在瑞士的第一段時光。

附帶一提，愛麗絲的母親古塔與妹妹依蕾娜在一九四六年搬到了華沙，這也是依蕾娜和她未來的丈夫里夏德（Richard）的居住地，他們有一個兒子馬列克（Marek），如今仍住在華沙。里夏德在共產黨內的職位步步高昇，出任過許多國家的大使，一九六〇年代，他和家人們曾居住在墨西哥。依蕾娜起初就留在了那，在大學裡任教，於此同時，她的丈夫和兒子則已經回到了波蘭。古塔始終都和依蕾娜一家住在一起，並且一直照顧著依蕾娜直至過世，而依蕾娜則在從墨西哥回來後離了婚。

從遭到戰爭重創的波蘭來到了完好無損的瑞士，是場文化衝擊，對於自己來到的是一個未曾發生戰爭的國度，安德烈亞斯和愛麗絲幾乎難以理解。我母親常常說一件他們到達瑞士不久後發生的事，因為這件事對她來說是在她自鳴得意的日常生活中極為怪異之事：

我們受邀到一間餐廳用餐，怯生生又敬畏地在一張桌子旁坐了下來，對我來說，基本上很難想像在經歷了戰爭以及我所體驗到的匱乏之後，這世界上竟然會有一個讓人理所當然地坐在桌邊並隨心所欲進食的地方。鄰桌的一個家庭特別引起了我的注意：他們面前放著一大碗冒著煙的湯——但那位父親卻自顧自地看著報紙，嘴裡叼著一根雪茄，挺著一顆圓鼓鼓的大肚腩；他的妻子靦腆地坐在他身旁，並未打擾他讀報；就連小孩也未作聲，他們在我眼中猶如不敢動彈的小型犬一般。最後，那位父親開始舀湯，伴隨一種就我們看來無比傲慢、理所當然的態度，我們都覺得自己來到了月球，我對自己所見之事感到非常震驚。

她後來將這初次的遭遇解釋為她對瑞士以及瑞士人一直存在的陌生感，她不只一次對我說過：「我從未在這個國家感到快樂。」即便幾十年來試著去適應，對她來說，她依舊是個外來者。

愛麗絲和安德烈亞斯落腳在一個巴塞爾的寄宿家庭，開始了他們在當地大學的哲學學業。根據我母親的說法，這個寄宿家庭在巴塞爾屬於最上層的社會階級，在經過了戰爭的匱乏之後，他們的富有在她看來是非常寡廉鮮恥的，當她說到這件事時，她顯得非常激動。我當時還不知道她原生家庭的富裕程度，若是如今的我則會自問，她的激動是否也帶著哀傷？哀傷於自己因為戰爭所失去的一切。除此之外，「難民」們更有可能會被他們的「接濟者」視為是貧困的，我母親在巴塞爾的落腳處特別讓她覺得羞恥。整體而言，人們讓難民明顯感覺到別人雖然願意忍受他們，但絕對不是喜歡他們的，而且實際上也沒有人對他們的戰爭經歷感興趣。除此之外，我母親既驚訝又非常不舒服地發現到，那些和她有關係的瑞士人常常根本不知道二戰時發生了什麼事。

我的母親對於攻讀哲學時展現極大興趣，而且當時她已積極開始研究心理學。由於瑞士在戰爭期間保持中立，因此只要有可能，許多想逃離納粹迫害的知識分子與藝術家都逃到了那裡，瑞士因而擁有許多頂尖人才。就連巴塞爾大學也是，尤其在神學與哲學學科方面頗富盛名這些學者包括神學家卡爾．巴特（Karl Barth）以及存在哲學家卡爾☒雅斯培（Karl Jaspers）。愛麗絲在這樣的世界裡綻放，享受著歡愉的自由時光，不過她同時也常常感到孤單，書本則是她的避難所。當她覺得難受時便躲回書堆裡，不和任何人說話，這是她從小就有的行為，透過書本，她可以創造出一個屬於自己的世界，在這個世界裡，她能夠製造所有自己想要的事物，而且自覺不會被任何人打擾。

安德烈亞斯．米勒曾於一九四八至一九五二年間擔任蘇黎世湖畔的拉珀斯維爾波蘭博物館（Polenmuseum Rapperswil）的負責人，該博物館曾一度在一九五二年關閉。這間數次中斷營運的機構創立於一八七五年，在波蘭分裂期間，它是波蘭流亡人士在瑞士的一個確保國籍認同的重要地點。一九三六年起，此處設立了當代波蘭博物館，並於戰爭期間為拘留在瑞士約一萬三千名波蘭士兵舉辦文化活動。那段時期安德烈亞斯身上發生的事有：結婚（一九四九）、我的出生（一九五〇）、大學畢業與以師從海因里希．李凱爾特（Heinrich Rickert）的論文《個人化概念形塑的問題》（*Das Problem der individualisierten Begriffsbildung*）獲得了博士學位，該論文發表於一九五五年。

在拉珀斯維爾的那些年，對外來說達到了我們可以稱之為成功融入瑞士的模樣，雖然我母親始終予以駁斥。在她的記憶中，外來感一直是主要的感受，對外她表現得像個主人家，但內在卻感到不適與陌生。事實上，當時他們擁有一個由知識分子及中產階級所組成的朋友圈，據說這些人皆屬於拉珀斯維爾學術與經濟的上層階級。愛麗絲和安德烈亞斯雖然當時在經濟方面絕對比不上這些人，卻和他們在一起交往。或許對我母親來說，扎根是不可能的，這是否是因為她在無意識之下試著連結被納粹摧毀的生活當中的某個重要部分呢？我父母在瑞士的生活，讓我聯想到了阿菈和布尼歐．促斯曼的生活方式，那是他們在彼得庫大的學術界裡營造出來的，而愛麗絲則一直覺得那個地方很舒服。新的朋友永遠也無法完全取代那已失去的世界，這是否也是一直感受到陌生的原因呢？這是一種象徵性的記憶嗎？回憶的是那已逝去而無可挽回的時光？這個問題，永遠也沒有答案。

無論如何，我母親在瑞士生活了近四十年，她在這幾十年內交到的朋友、樹立的敵人，以及她的扎根，即便不是在瑞士這塊土地上，但卻在精神世界裡，在那個對她敞開大門的蘇黎世精神分析社群裡（詳見第七章）。這是無所爭議的，雖然我母親理所當然會予以駁斥。

嚮往之地普羅旺斯，一九八五～二〇一〇

一九八五年，愛麗絲．米勒離開了瑞士，搬到了南法普羅旺斯的聖雷米，由於早年一場在普羅旺斯艾克斯（Aix）的國際會議，她愛上了這個地區，並且開始夢想著在這邊生活。一九八五至一九八七年間，她先是租了一棟小屋，接著在一九八七年買下了一間土地面積頗大的房子，位於一個靜僻地區的村莊外圍，靠近荒廢的猶太墓園。她終於找到了那個地方，那個她的渴望的家鄉。她被一大片橄欖樹包圍著，設置了一個非常漂亮的花園，還蓋了一個小小的游泳池，並按照自己的意思重新裝潢了房子。在經過了多年的逃亡、迫害與外來感後，她終於找到了自己的窩。她享受普羅旺斯的山景，覺得自己就像是印象派畫家，在這特別的光影中描繪著她那美麗絕倫的畫作。她投身於繪畫與寫作中，她終於找到了自己的寧靜。她

會去散很長的步，可以完全安靜地讓思緒流淌，規劃新的計畫。

她在南法生活了二十五年，透過書本、信件、報紙文章以及後來的網路來與世界接觸，她最喜歡用書寫的方式溝通。聖雷米成了避風港，不過僅短短數年後，這個她親手建立的小窩就轉變成一個藏身之所，她必須在這裡躲避那些她始終害怕的迫害者。

藏身處傳來的虛擬訊息：網路

新興媒體對愛麗絲・米勒來說是件好事，我母親很快就了解了網路的巨大潛力並加以運用，在她人生最後的五、六年間，她主要都是透過網路來與她的讀者及其他感興趣的圈子來往，如此一來她便可以同時滿足許多需求，一方面是能夠保留自我，不再受迫去直接與人群接觸，她維持著隱身的狀態，不會被看見，但仍能透過她的網站與外界社會接觸。除此之外，她還有一個媒體平台，可以立刻在這個平台上發表自己的想法，不用經過審查。她非常靈活，能夠馬上回應批評，並且表明自己對時事的立場，同時還保有對溝通過程的控制權。

我非常驚訝於年歲已高的母親竟能如此迅速地了解網路機制，而且非常熟練地運用它，她在直覺上也理解這種媒體的危險性，而且並未犯下嚴重的錯誤。在那些年間我們幾乎不再有接觸，但是我常常會造訪她的網站，對於她如何維持與讀者的關係，以及如何試著推廣她的理念，很感興趣。

我母親主要利用自己的網站來進行諮商建議，許多有困難的人會寫信告訴愛麗絲．米勒自己的故事，而我母親則會從中挑選出範例信件，公開發佈在網路上，附上建議評論，同時也藉此宣傳自己的理論，讀者們因而有機會透過具體的案例來更加了解愛麗絲．米勒的理念，實際上對她的著作來說，這也是種很機智的行銷辦法。

我在讀這些評論時多半是不太信服的，她與我身為心理治療師的實務經驗相牴觸。我常想，如果我母親能夠與我合作工作的話，不知會出現哪些正面的共伴效應，不過我們的關係對這件事來說又是個沉重的負擔。相較於透過與真實的人對話以測試她的理論，我母親更喜歡分析已故的藝術家、詩人與思想家，她做這件事時帶有很大的說服力。她當然只在虛擬的範圍裡做這些分析、這些想像的心理治療，她提出的治療建議成效無法檢驗，一切基本上都只是推想，不過感謝我母親天才的文學能力，此缺點並未引起很多人注意，她非常了解要將自己思想上的實驗當成現實來販售。

就連她網頁上的信件回覆建議也是按照這種模式進行的，內容多半是讀者敘述自己兒時如何遭到父母的虐待、情感受創、性虐待或者是成為了暴力的殘酷犧牲品，他們述說自己在與父母坦言時有哪些恐懼，而且常常明顯地去保護父母，或者就是無法讓自己的父母面對這些行為。我時常在讀我母親的這些回信時感到不適，愛麗絲・米勒在所有的回答裡都採取了一個非常清晰的立場：她要求來信之人反抗父母，並且要讓父母確實面對自己的行為。我讀這些回覆有種被欺騙的感覺，因為我的母親在與我坦言時是完全拒絕接受我的批評的，而且就如同我將寫到的，母親與我的關係因此而中斷了。

網路使用得越多，我母親就越孤獨與閉鎖地居住在普羅旺斯那個她自己選擇的流亡之地，網路這個眼鏡開始成了她感知世界的主要管道，並且以相應的方式扭曲了她的感知。她的公開分析越來越傾向基要主義的形式，她拒絕接受任何形式的批評，做出的反應很專制，越來越極端化的態度也讓讀者感到困惑，其中一些是熱情的仰慕者，另一些則是明顯敵對的批評者。

尤其是在她人生的最後六年裡，她堅定地退出了世界，最後也放棄了她一直維持到二〇〇五年的瑞士固定住所，完全安住於法國。

新開始的不可能

在我母親的戰後人生中，移民這件事是個重大的轉折，這可能是堅決重新開始之意志最清晰的展現方式了，是一種地理所造成的壓抑，就連她那令人信以為真的日常演出，也是以一種驚人的壓抑力為先決條件。然而就算是這種方式，也完全未讓她成功脫離創傷，創傷依舊緊抓著她不放。她情緒的波動、離鄉背井的感受，還有緊緊攀附著自己不愛的男人——無一不在說著：要將所發生之事忘掉是不可能的。如今我們稱這種病症為：創傷後壓力症候群，其症狀有——表面上很矛盾的——震驚於即便在新的環境裡也沒有人想知道她究竟經歷過了什麼。許多人在二戰之後都有過這種遭遇，不論國籍與宗教信仰，所有人都面臨了同樣的狀況，無論是施暴者或受害者，都必須自己守著自己的經驗與糟糕的經歷，無論走到哪裡，沒有人會對他們的經歷感興趣。一九四五年後有多少人必須自行消化並且沉重地背負起自己的命運？有多少人在與自己戰爭經歷有關的事情上，從未獲得他人的善意與理解呢？更遑論慰藉了，他們因此二度淪為了戰爭的犧牲品。為了能夠展開全新的人生，他們必須試著將一切褪去。

但是這種形式的壓抑只有在人們為自己添加上一個全新的身分時才會成功，戰爭世代的這種解離行為貫穿了他們的一生，愛麗絲·米勒就是試圖克服戰爭創傷經歷的典型案例，而瑞士在這個過程中無法真正成為她的家也就不奇怪了，就連南法的生活也只帶給她一小段時間虛假的安全感，因為她體內的戰爭，即創傷的傷口，也一併被帶到了普羅旺斯，因此即使在這裡，她也找不到真正的安寧。

7

找到的自由

童年研究者

我母親撰寫她最重要的三部著作的那個階段，就我們的關係而言，是我人生中最快樂的時期。我直至今天依舊靠著這段日子而活，是的，我會說那幾年與她在一起的快樂日子奠定下了我當心理治療師的基礎。當時的我年近三十，已經自立，當了八年的學校教師，我既不是孩子也不是競爭對手，她在我身上找到了一個富同理心的聆聽者，透過我的聆聽來整理自己的思緒，並得以藉由我開放的心靈發展出自己的理論。或許這也是她說「抱歉」的方法，因為她所寫出的有關父母加諸於孩子身上的毀滅力，也正是在描寫一部分我丟失的童年。

一九七九年，我五十六歲的母親藉由寫作開啟了一個新的人生階段，她脫離了不幸福的婚姻，站定了新的腳步，並著手以一份自己的構想來對抗正統精神分析。我記得當時的她很快樂，非常理智，發現了自己的寫作天賦，而且在這個有魅力的過程中把我當成了兒子來接納，有幾年我們真的擁有了安寧。

作為精神分析師的母親，一九五三～一九七八

一九五三年，我三歲，愛麗絲．米勒開始了她成為精神分析師的學習階段，當時的蘇黎世在這方面還沒有固定的團體環境，不過她很快就與一個很有名氣的分析師團體取得了聯繫，該團體的核心人物是心理治療的精神科醫師暨教授古斯塔夫．巴利（Gustav Bally，1893-1966），蘇黎世精神分析研究班因為他而在一九五八年成立，他的跟隨者還有兩位後來的民族精神分析學創立者，即心理學家暨民族學者保羅．帕林（Paul Parin，1916-2009）與弗里茲．摩根特哈勒（Fritz Morgenthaler，1919-1984）。能夠進入這個知識上清醒且激勵人心的環境，對我母親來說必定是一種解脫，我認為那裡是她多年來第一次能夠再度自由地大口呼吸之地，直到一九七〇年代為止，那是她心靈與情感上的人生顛峰。我相信她是由於這層基礎而

忍受得住她私人的困境，我覺得也類似於她兒時經歷的重複，即逃離與父母的爭執而在姑姑和姑丈的自由之家修養生息。與小時候相同，此時的愛麗絲．米勒也為了逃避沉重的家庭狀況而找到了逃離的機會。

大家也必須想像一下，在五〇年代初期，當時精神分析吸引人的地方與現今是不同的，他們的代表人物是先驅，其議題往往甚至有傷市民階層的禮俗，會受到他們吸引的是藝術家與知識分子。當時的人如果去做精神分析，他感興趣的往往會比較是了解關於自己這個人的事情，而非為了改變自己的神經質行為。精神分析較是以理論的形式來鼓舞人心，而較少被視為醫學治療，那些可以讓人有所根據而建立起心靈動力與內在世界的心理學理論是很有吸引力的，而且拓展了視野。

我母親花了很多時間在培訓上，而且不久後就開始了她個人的精神分析工作，她在蘇黎世尼德多夫（Zürich Niederdorf）的舊城區擁有一間小診所，此診所營業至一九六四年，我還是個青少年時曾數次到那裡去找她。那是一個很舒服的地方，我今天會說，人們可以感覺到她在那裡覺得很愉悅、很自由。這間診所看起來就像個小小的鷹巢：一個小房間裡擺著一張精神分析的長沙發以及一張舒服的單人沙發，沒有圖片，沒有盆栽，因為沒地方放了，就這件事情來說，她高高地登上了蘇黎世舊城區的屋頂。愛麗絲·米勒在這個診所裡做出了她身為精神分析師的第一步嘗試，執業的同時，她也頻繁地與精神分析界接觸，她是精神分析團體「Kränzli」的常客，也會去參加自一九五八年便已成立的精神分析討論班的課程，有經驗的分析師會在這些課程中演講，並培訓未來的精神分析師。

自己接受精神分析也屬於培訓的一部分，結業考試後的這次個人精神分析將被追溯認定為分析訓練——這是瑞士的特點。我母親找了一位女性精神分析師來接受分析，事後她將這第一次的精神分析形容為「徹頭徹尾的災難」。她對這場精神分析抱有很大的期望，希望能幫助她與她那佔有慾很高的丈夫相處，尤其她當時應該是有緋聞的。但是那位精神分析師或許並未聆聽她沉重的情感狀態，而只是不斷指出我父親承受著多大的痛苦，以及付出了多少努力想要維持這個家，最後她建議我母親與丈夫和解。我母親後來也聽從了她的建議，這主要是因為她不敢違背這位精神分析師，她的職業生涯還得仰仗一次成功的精神分析，她後來曾表示，為了拯救一點自由與獨立，自己當初應該要拒絕的。

一九五五年，愛麗絲．米勒結束了這次的分析訓練，她還在分析師葛特魯德．波勒-許威（Getrud Boller-Schwing）那裡接受了第二次的精神分析，並參與了多年期的督導工作。她在蘇黎世以精神分析師的身分診治病人，有時每週的工作時數會非常多。六〇年代初，她加入了瑞士精神分析協會。

六〇年代初期的精神分析理論經歷了第一次大震盪，正統精神分析被有創見的研究者們強迫更新，佛洛伊德的虔誠門徒開始抵抗。那段時期，我母親以精神分析師的身分工作著，她同時也非常積極地當分析訓練生，並參與討論班的培訓。她成功扎根在瑞士精神分析協會，成為那裡的一份子對她來說無疑是很重要的，不過，毫不批判地接納一切別人端給她的東西，卻不符合她的性格，相反地，她越是確定地把精神分析世界當成故鄉，她就會越勇敢、越有創造力。就像那個把父母的正統規範放在放大鏡底下批判檢視的孩子，她開始研究精神分析的批評者，並且提出了自己的批判性疑問，她對諸如美國的海因茨．科胡特（Heinz Kohut）之類的事很感興趣，此人曾試著將自己的認知融入精神分析，這引發了真正的壕溝戰，後來以被崇尚佛洛伊德學說的組織除名而告終。某些同事那種正統派的自以為是，表現得就像某宗教的信徒，會去正面攻擊任何批評他們「信仰」的人，我母親對此非常質疑。對於精神分析會隨著新的知識而有所改變並往前發展，同僚們很抗拒，他們拒絕有系統地接受新發現，並以令人難以置信的論點反擊之，這些對我母親來說都是很可怕的。所有對精神分析的批評都被其他「Kränzli」成員認為是異端邪說，而這個團體卻是被她視為是有如自己家的地方。她感覺到精神分析之父西格蒙德‧佛洛伊德像個聖人一樣被崇拜著，他的理論對精神分析組織的成員來說，就是要盲目地去服從的法則，這對我母親而言是種多麼奇怪、痛苦而似曾相識的感覺啊！精神分析不再是自由思想的庇護所，而是一個意識型態的、不寬容的、有著宗教性崇拜心理狀態的堡壘，維護教條對大多數佛洛伊德派追隨者來說比理論的革新發展還要重要，精神分析與其組織凝固成了一個封閉的體系。

我母親的反應是什麼呢？她逃亡了，暫時逃回自己的內心深處，曾與我母親合作多年督導工作的精神分析師亞歷山大·莫瑟（Alexander Moser）告訴我，她當年並不是一個這樣的精神分析師：

> 您母親一再地在案例探討時讓我很驚訝，她根據描述情感轉移或情感反轉移的小案例，用一種獨一無二的直覺，推導出有關被分析者童年狀況的精確見解，事後她的這些見解會透過其他聯合素材獲得證實，並因此成為精神分析的重建工作或建構工作上的一大助力，就這點而言，我由您母親身上學到了很多。

我母親逐漸脫離了正統精神分析，即便起初是祕密地進行著。她閱讀了那些由於意識型態而在精神分析社群裡被排擠的作家們的著作，並在他們的作品中找到了與她自己人生相符的問題答案，尤其是海因茨·科胡特、約翰·鮑比（John Bowlby，1907-1990）與唐納·溫尼考特（Donald Winnicott，1896-1971）三位作家的作品，為她個人的思想開出了一條道路。這三人全都對一個議題很感興趣，即性格如何自小培養，以及若要得到一個自我，也就是一個對於自己的見解，哪些人際經驗是需要從一開始時就擁有的？

英國小兒科醫師暨精神分析師的溫尼考特認為，如果一個孩子的早期發展受到外來影響，且此影響壓抑了一個人本質的自我發展，也就是透過強迫的方式讓他去迎合外界的需求，這將會是很危險的。關於真實的自我，溫尼考特認為是人天生追求發展的潛質，為了保護自己本身固有的潛質，人會發展出虛假的自我；為了保護自己的本質，人可能會付出終身與自我疏離的代價。

英國小兒科醫師，同時也是兒童精神科醫師的鮑比是依附理論的先驅，研究母親與孩子的關係。他發現健全的自我發展主要建立在孩子對母親完整的依附體驗上，他反對精神分析，因為他根據自己的研究發現，對心理發展來說，早期的母子關係比佛洛伊德所描述的性慾發展還要更為重要。鮑比清楚指出，比起性心理衝突的內在心理克服，環境的作用對一個人的心理發展有更大的影響。

以分析師為職的美國精神分析師科胡特時了解到，孩子非常早就透過社會環境對自己的看法來形塑自身的存在，他是最早意識到社會反射對一個人的心理發展而言有多重要的心理學家，他認為幼兒的自戀需求或者一般人的自戀需求，絕對不是精神病症，而是非常重要的：在生存方面每個人都需要透過與自身相關的反射來獲得重視。

我母親為何就是如此受這些心理學家吸引，這就顯而易見了，她將焦點放在那些在她人生中扮演了重要角色的議題上——她是否在閱讀時意識到了這點，我不想去評論。她或許沒有意識到，因為她自己後來曾宣稱，她很晚才意識到自己母親在她童年時期所扮演的角色對她而言有何意義。但是若從旁觀的角度回顧，立刻就能發現其中的關連性：與冰冷又薄情的母親相處的經驗，導致了小愛麗絲身上的自戀型病症，而其結果則是，我母親終身都無法面對批評，所有的批評都讓她感受到了兒時不被接受的感覺，任何針對她想法的批評她都很在意，她會深覺不被人接受，並予以無情的反擊。

她應該是在溫尼考特的著作中遇到了自己經驗的共鳴，也就是必須否認真正的自己——也許是小時候在她的家庭裡，也許是在遭到可怕力量迫害的那幾年裡，她出於存活之因而被迫以完全不是自己的另一個身分活著。鮑比的著作則讓她痛苦地意識到，自己有多麼掛懷與母親之間的安定連結。

我非常能夠想像，這些心理學家的著作更加強化了我母親對自己丟失的童年的渴望，以及對那些曾有礙她童年的人事物的憤怒，這些著作聽起來不就像一個虛假幻象的證據嗎？若有個愉快的童年，又將會如何呢？在這麼巨大的吸引力背後，也就是這三位心理學家的思想對她的吸引力，是否也隱藏著或者揭開了一種巨大的痛苦？無論如何，她在他們的著作當中找到了一些議題，這些議題盤繞在她後來終生的事業之中，即：自我價值（科胡特）；孩子原初的自我可以在一個充滿父母之愛的親子關係的保護之下發展的權利（溫尼考特）；與主要關係者的情感連結的重要意義（鮑比）。

這三位心理學家全都隨著他們理論性的文字疏遠了傳統精神分析，若在這裡談精神分析界如何接受他們的作品，那就扯得太遠了。不過可以確認的是，他們藉著自己的研究改革了發展心理學，他們認為心理問題並非起因於無法克服的性心理衝突，而是應追溯至與主要關係人之間負擔沉重的、負面的關係經歷，因此由他們的研究可推斷出，心理障礙的起因是童年創傷經歷，這些經歷會由外徹底損害心理的健康發展。

就連精神分析師在治療師方面的角色也有了改變，例如科胡特就提出了移情的概念，與患者關係當中的關鍵不再是佛洛伊德的理論，而是富同理心地理解他們，這改變了精神分析的內容：成為治療核心的應該是情感狀態，而不再是被壓抑的慾力衝突；與患者之間的關係應該要緊密而有情感，不再是有界線而匿名的，對患者情感經歷的反射成了最重要的心理治療工具。正統佛洛伊德派毫不猶豫地否決了科胡特的論點，指責他是某種程度上的異端，這些爭論呈現了一種信仰戰爭上的意識型態拉扯，即便如此，在精神分析內部還是發展出了新的分支，即自我心理學。

精神分析膚淺的僵化目光及其原教旨主義的意識型態圍繞著科胡特的爭執，讓我母親十分震驚，但有趣的是她處理問題的方式，她新挑選的家呈現出原教旨主義的傾向——至少就這個家裡起主導作用的代表者們而言。我們或許可以說：她打開了副戰場。

除了有關科胡特以及其他心理學家的爭論，由於六八學運的緣故，候選人們開始努力地自己經營起蘇黎世的精神分析討論班，保羅．帕林與弗里茲．摩根特哈勒從培訓所的建立者轉變站到了左派的陣營，自主經營某種程度上是由上級貫徹執行的。我母親起初應該是唯一一個在討論班裡反對這種來自左派的意識型態攻擊的人，她抨擊精神分析師當中的馬克思主義派，這些人想改變保守且階級化的培訓政策，她激烈地為保守的先賢們辯護，雖然她自己已經開始在內涵上與傳統精神分析分道揚鑣了——這也是因為她覺得保守派的目光太狹隘了。

當時身為瑞士精神分析學會內部圈子一員的亞歷山大．莫瑟曾對我如此描述當年的狀況：

由於特殊的人生歷程，您的母親對於佔優勢地位的政治意識型態的流行傳佈很敏感，因此以少有的清明與果斷對蘇黎世七〇年代在佛洛伊德學派分析師中廣為流傳的無政府馬克思主義風潮做出了反應，尤其是當知名的分析師們無法離開毛語錄，或者是迷戀上斐代爾·卡斯楚（Fidel Castro）並且將所有不贊同他們想法之人視為復辟的、小市民階級的笨蛋，並且覺得這些人不懂世界史的進程，因此是一種令人惱火的、對人類進步的阻礙。她也看清了非民主的權利主張背後看似聰明而陳述複雜的政治理論，及其與精神分析培訓所的不可協調性。她是瑞士精神分析協會成員當中第一個睜開雙眼看清蘇黎世精神分析培訓狀況不可能繼續發展下去之人，討論班最後在一九七七年分裂了。

現在的我對這件特別的事情有著不一樣的看法：愛麗絲·米勒做出了她所擅長的事，即再度於極權威脅面前拯救了她的「家庭」，這一回是馬克思主義的威脅——即便她並不喜歡這麼做，歷史重複上演著：忠心的、獨裁的、虔誠到盲目的精神分析師起身反抗了馬克思主義意識型態的攻擊。

我當時只以觀察者的角度遠遠地獲知了這些爭論，但我清楚記得我母親用充滿攻擊性的強調語氣將她的戰爭打到了底，從今天的角度來看，對於我母親這場抵禦馬克思主義者之戰以及「拯救」精神分析學會免於落入左派之手的行動，我還是有些不一樣的評價：就內涵上而言，她本身已經選擇走上一條遠離精神分析界的、自己的道路，如果認真看待這點，那麼看起來就會像：當時的她還不敢與自己的「家庭」決裂。

通往自由的道路

一九七三至一九七八年間，內心的信念與必須符合精神分析嚴格規範的這種束縛，兩者之間的緊繃狀態對我母親來說成了越來越大的情感負擔，除此之外還有與我父親持續不斷、充滿恨意的爭執，我母親會罹患嚴重的肺癌而且差一點撒手人還，這一點也不令人驚訝。這場病對愛麗絲・米勒來說就像種命運的暗示，她知道她不應該只在肉體上爭取存活，她必須脫離那些她自己蓋的監獄，即婚姻與精神分析，這才是活下去的關鍵。

她恢復了健康，她做出了決定，開始大步地解放自己，時值一九七四年。她徹底顛覆了自己整個人生，享受著她的獨立。她是真的活過來了，將任何與自己過去生活有關的事物拋諸腦後，包括我在內。她同時也明白地告訴我，她終究想過屬於自己的人生，經過青少年時期對我的緊迫盯人之後（詳見第八章），此時的我只能從遠處得知她做了什麼，這種狀態大約從一九七四年持續至一九七六年。在這幾年中，她又再次對猶太文化產生了興趣，並且到以色列旅行了幾次，曾至以色列的特拉維夫市（Tel Aviv）拜訪她的堂姊艾娃，也就是菲舍爾·恩拉德的女兒，及其丈夫。她去上了畫畫課，而且完全投入在這新的愛好之中。直到後來我在進行本書的調查時，我才知道她也再度與她在巴黎和美國的表親們取得了聯繫。

我們再度走近是在一九七五年時，當時的她在蘇黎世外圍的一間大房子裡落了戶，那是一處鄉間。搬離市區，搬離原來那間非常漂亮的屋子，這對我母親來說始終意味著一種巨大的別離傷痛，她意識到一段長而重要的生命

愛麗絲·米勒，七〇年代末。

階段走進了尾聲，她即將展開全新的人生，單獨一人，全靠自己。她的工作主要是在自宅當精神分析師與督導，並且將自己的熱情奉獻給了心理學與繪畫。

由於生活的巨大改變，我母親開啟了一條新的戰線：精神分析。當年那個叛逆的孩子再度甦醒了，她像從前一樣對同僚們提出問題並竭盡所能地挑釁，她的聰明才智完全發揮了作用，不再躲藏在表面或面具之下，而是找尋公開的對峙：她敢於將自己的想法寫入文章中，而文章值得一讀。她的挑釁以試圖單獨在精神分析官方刊物《心理》（*Psyche*）雜誌上發表文章達到了高潮，該文名為〈憂鬱與自大的類自戀症形式〉（1978）。此文被認為是沒有科學根據的、不符於精神分析的，並且被編輯退了回來，讀者完全沒有機會為精神分析學會中的新思維提出屬於個人的評論，這份刊物的目標被設定在保護精神分析免受「不純的」思想所害。然而我母親並未就此停下來，她反而是已經習慣於貫徹自己的想法，她毫不猶豫地勇敢邁出了自立的步伐，將這篇文章擴充成了一本書，即《幸福童年的祕密》（1979）。

寫作之幸：《幸福童年的祕密》

寫作成了她的人生願景，為一輩子都在服膺之中的她帶來解放，她終於能夠自由地讓思想奔馳，非常成功地寫出了第一本著作《幸福童年的祕密》，而二十八歲的我則是這一過程的見證者。那是我們最親近彼此的一段時間，母親對我述說她的想法，我則重新認識了這個人：充滿熱忱、心胸開放、全心投入、放鬆。她的改變很巨大，簡直就像與自己的思想融合在了一起，猶如身體與心靈找到了彼此，我第一次感受到母親很快樂，這些全都是真的，當然也是她的故事，因此該書無論是過去或現在都是可信的。

對我母親來說，寫書無異於脫離虛假的自我，她不再讓自己被任何事或任何人禁言，不再偽裝自己，不去否認她認為對的事。那是本自傳性的書，即便她並未揭開面紗。她描述人們由於順應外界以及出於存活之因，而去否認自我時所受的痛苦；她描述人們的非凡天賦，那是當人們為了生存而必須能夠調整自我去順應外在時，所展現出來的天賦。不過她並不僅止描述而已，她也分析了這種不論過去或現在都受到社會認可的順應力，並揭露此能力就是父母教育的災難性後果。她描述孩子如何去順應自己父母的情感需求、父母如何將自己未被滿足的情感需求投射到孩子身上，並且奪走孩子發展自己天性、感知自身感受的機會。因此她視心理疾病為與自我情感疏離的後果：自大、自戀行為與憂鬱都是其結果。潛在的憂鬱被自大擋住了，憂鬱是封鎖的表現，導致真實自我無法在一個善良的、有利的社會環境裡發展。

我母親用她的著作踩到了當時的時代痛點，這是第一次有一個精神分析學者敢於直面攻擊父母身為教育者的行為，她藉此將孩子的視角完全導入心理學之內。父母對孩子的情感剝削遭到了譴責，社會上心理疾病廣佈的責任被歸咎於父母，我母親強調每個孩子都應擁有發展自我的權利。

她同時也革新了心理治療的工作方式，主張接受治療的個案有權得知父母曾經是如何對待自己的，治療的目的應是為自己找出這層真相，並且獲得發展真實自我的權利。一個成年人不應固守著對父母依賴與順應的態度，而是應該擁有獨立發展個人潛能的權利。一九七九年的《幸福童年的祕密》，內容大致如此。奇蹟發生了：此書登上了暢銷排行榜，愛麗絲．米勒成了明星。

我母親的成就如野火燎原，她的書在國際間也成了暢銷之作，被譯成三十種語言——大勝利。然而我母親越是有名氣，她就越難以面對大眾，她覺得自己遭到了迫害，舊時的恐懼又浮現了出來，大眾變得有威脅性。她最大的煩惱是自己的私生活可能被公開，以及她的人生經歷會被人所知道，她變得越來越偏執。我現在已經明白，戰爭經歷在當時又逐漸主導了她，我母親在某個無意識的層面上無法區分過去的戰爭經歷與當前的現實——這兩者都帶著同樣的氛圍。

這段時期，我們保持著親密的互動，我認為在那個喧囂的時代，她確實在我們的互動中找到了些許保護與安全感，她再次與我分享有關她下一部著作的想法。

《教育為始》（1980）是第一本書的延伸，在這本書裡她特別著眼於闡釋「黑色教育」[1]的毀滅性教育機制，即卡達麗娜·如曲基（Katharina Rutschky）所創的概念。這本書再次暢銷，她將常見的教育意識型態與否認自我放在了一起，並解釋到，壓制式的教育態度就是心理病痛的原因，這與毀滅性教育機制的心理動力學有關。

我母親極其敏銳地略述了教育意識型態是如何在歷史的進程中建立起來的，她堅稱父母在親子關係發展的過程中，會越來越去詢問該如何「掌握」他們的小孩，並揭露這種教育機制就只是權力工具，而孩子則會逐漸變成父母的敵人，必須透過教育來控制。「黑色教育」一直都致力於創造出新的教育暴政手段，以便限制孩子的活力，我母親對此尖銳批評，指出這種教育經歷會導致成人的精神病變。為了證明她的理論，她描寫了希特勒、毒蟲克莉絲蒂安娜（Christiane F.）以及連環殺人犯尤爾根·巴屈（Jürgen Bartsch）等人的命運，呈現人如何由於毀滅性教育機制，而導致了日後將這受教育的經歷以破壞性的行為模式發洩出來，且若非是針對自己，就是針對他人。

她在該書的最後指出，施行教育的父母，其毀滅性行為模式必須在做心理治療時被提及並處理，由此，她踏入了一個全新的心理治療領域，而她的寫作生涯則再也沒離開過這個議題範疇。

她的第三本著作《你不該知道》（*Du sollst nicht merken*, 1981）談的是人讓自己生病的行為，當事人本身並不能去察覺父母對他所造成的苦痛。此書標題意指父母的命令，父母就是苦痛的肇始者，身為犯案人的他們天生就喜歡讓他們的孩子，也就是受害者，不去察覺自己遭到了何種對待。愛麗絲．米勒在這裡陳述了她對心理治療的願景：心理治療的目的應該是讓患者知曉自己的「真相」、自己的人生歷程，並讓其父母認清自己的所作所為。在這個過程中，治療師是知情見證者，他要支持患者去努力，因為如果患者能夠明瞭自己苦難童年中被壓抑的苦痛，並去哀悼之，他將變得自由，並且能夠活出真正的自我，進而實現自我。

---

1 編註：指興起於納粹時期，以培養剛強意志，犧牲個人自主需求為旨的教育方式。

我母親論點的特點在於：完全由孩子的視角發展而來。成年人通常寫的是他們對孩子的看法，並從中努力去同感孩子們的心理感受，愛麗絲·米勒則認為自己是孩子的辯護者，她首次給了孩子在親子關係中發聲的機會。她強烈反對一種常見的態度，即治療師必須在曠日廢時的心理診療中讓當事人明白，他必須對父母的行為採取原諒的心態。相反地，愛麗絲·米勒相信當事人有權在治療中認清自己的苦痛故事及其肇始者，在治療師正直、支持的陪伴下，從自己長期的不自由狀態解放出來，並發掘自己的可能性，最終活出真實的人生。

在那幾年中，她就像個推動者，一方面是對她來說始終都很矛盾的上漲的聲望，以及她成就的商業面向；另一方面是亟欲將自己幾十年來壓抑住的想法表達出來，她有一種近乎無垠的使命感。在這段時期，她也展開了和她的舊家庭，即精神分析的爭鬥，她尖銳地批評佛洛伊德背棄了他的誘惑理論（the theory of seduction），而他轉向戀母情結的行為則是種謊言與懦弱。她向精神分析學者提出挑戰，指責他們讓患者留在自己的無知狀態中，並在治療時操控接受分析的案主去原諒自己的父母，放棄身為孩子的視角。這些接受精神分析者將因此在分析治療時被敦促去壓抑自身的苦痛故事，永遠被鎖在牢籠裡。

由於這則評論，我母親終於和她之前在蘇黎世的精神分析同事與朋友們決裂了，我想再節錄一段亞歷山大．莫瑟的話：

> 您母親多年來都是我們討論圈內一個重要的夥伴，我們所有人都因她有創見、深奧的文章獲益良多，而她也覺得待在我們的團體裡很愉快。但是她著作的成功大大改變了她，她越來越不再將友善的、出於好意的批評視為正面的刺激，而是當做了她個人見解繼續發展的阻礙與干涉，因此很遺憾的，她越來越退回自己的世界，最後完全斷了往來。

我母親的看法顯然是不同的。早在她的第一本書出版後，她就已經放棄了精神分析診療與討論班的教學工作，一九八八年她終於退出了瑞士精神分析學會，完全投入對抗「黑色教育」。

透過最初的三本著作，愛麗絲・米勒創造了一個屬於自己的自由世界，她透過寫作全然走進了一個敞開的世界，實際來看也是如此——她的書很少誕生於書桌之上，她會帶著錄音器去森林裡散長長的步，同時讓思緒滋長。她後來住在南法時，總是喜歡到普羅旺斯聖雷米外圍的一座山中小湖去，她大部分的著作都是在這片自由天空之下構思出來的。將音檔繕打成文章後，她會再編輯一次，也許她的文章就是因此才會如此的清新而出於本能，閱讀時從未讓人覺得文章背後藏著許多努力。她的文章輕如羽毛，與她真實的人生不同——在寫作的世界裡，她無拘無束、自由行事、簡單、堅定、自信、寬容，而且往往是很開心的，同時也是無所畏懼且充滿鬥志的，但在日常生活中，她卻是疑心的、膽怯的、緊繃的、具攻擊性的、冷漠的、非常複雜的、不可信賴的、越來越自戀以及麻木的。在書中，她代表的是一種站立在至高點上的理論邏輯，不需去傷害攻擊別人，但在日常生活中，我卻看到她是如何不斷捲入與別人的爭執，與我父親的離婚之戰並非唯一的戰場。

我長期以來都因為感受到、看到這種反差，即她真實的生活與她的見解有多麼的相背而感到很無措、很憤怒，我並不是她的心理治療師啊！我是她的兒子。就連她身為母親對待我的方式，對我來說也一直都是很傷痛的話題。在她的理論思想中，無助的孩子佔據了很崇高的地位，得到了無與倫比的關注，當然這些理論背後有著她個人的經歷，即她並未從自己的父母身上獲得她所需要的支持，她覺得自己遭到了忽視、被誤解與摒棄，這些她父母讓她如此受傷與沉重的所作所為，她卻重複套用在我——在她自己的孩子身上，或許這背後也有著她的理論。無論如何，她後來一再地找到辦法申明，對於她在我小時候對待我的方式，她有多抱歉，但可惜這些認知並無法改善我們的關係，情況更應說是完全相反，她素日裡的行為並未有所改變，直到九〇年代末期，在折磨人的爭鬥結束後，可惜她也只是偶爾才意識到身為母親的她讓自己背負了多少罪責。

人生主題的變體：愛麗絲・米勒與父母的戰爭

出自傳統倫理道德的第四戒要求我們敬愛自己的父母，如此我們才能活得長久——這是其中潛藏的威脅。這條畏懼父母的戒律是普世價值，想服膺於之的人，即便他曾遭到父母的忽視、虐待、性侵，也只能在壓抑自己真實情感的狀況下才能去服膺，身體常常會透過嚴重的疾病來反抗這種對童年無法克服之創傷的否認與忽視。（《身體不說謊》）

我母親始終都忠於她的議題，在她後期的作品中，愛麗絲・米勒更加指明了由於否認自身故事而引發的生理危機，這種否認不只涉及到實際的人生經歷，更與被壓抑的情感有關。透過神經科學，人們已知所有與現實、外在世界有關的經歷，都會以情感的方式表現出來，並儲存起來。由於我母親對於神經科學最新的研究結果並不是那麼熟悉，因此她後來的論述文章有時是相當理論性的，不過她對時事議題還是很敏銳。

直到今天，我們才知道人們是如何感受到情感的：情感首先是生物學上的現象，在我們無意識之下確保了神經細胞與大腦間的溝通，情感簡單來說就是大腦的語言。如果沒有這些由有機體傳出來的情感訊息，大腦就會孤立無援且無法做出反應。如果沒有情感，我們是幾乎無法存活下去的。

如今我們不能再輕易地宣稱情感是可以簡單被壓抑住的——而且還說這是件好事。無疑的，我們會試著去掌控自己的感受，或者我們會盡可能地去抵抗之，基本上我們與孩子都需要一個情感的、心靈的世界，這個世界完全允許我們去感知自己的感受。我們唯有透過良善、富同理心的社會環境才有可能發展出這種情感的、心靈的世界。透過關係人的反饋，幼兒會逐漸發展出一個通往自身感受的入口，這就是如安東尼歐・達馬西歐（Antonio Damasio）在他的書中描寫到的，是一個生物進程上的精神（心靈）表現。

對精神分析來說，這些發展心理學與神經科學的知識有著長期性的後果：治療師必須透過反饋來將經歷傳達給當事人，當事人才會去發掘、發展他的心靈感受世界，並且也才能夠去領會自己故事的情感面。當已知之事（人生經歷）與相關感受連結在一起時，將產生一種相互關係，這種相互關係讓當事人得以理解愛麗絲·米勒所謂的「他自己的故事」，如此一來便在心理治療時也製造出了脫離受傷的、有礙生存的虛假自我部分的先決條件。

藉由這種相互關係的開展，治療師協助當事人對自己的故事有所意識，由於這層知曉，當事人獲得了一個全新的機會，讓自己的能力與需求不受約束並成熟發展，他可以保護自己免受操控與被他人決定，因為他已經不再是當年那個無助地被交給父母的人造程式了，擺脫了父母的影響，當事人可以開始過他自己的人生。

愛麗絲·米勒認為，如果一個孩子不被無助地交到父母手上，譬如有另一個成年人可以站在他身邊成為知情見證者的話，那麼他的人生往往可能會很不同。不過由於被孤立的關係，對孩子來說，除了順應父母之外，沒有其他選擇。孩子塑造出一個虛假的自我，並導致日後心理與生理的病痛，而知情見證者或許是有機會介入的。不過愛麗絲．米勒很清楚，這種想法多半只是場美夢，即便到了今日，要父母為自己不適當的行為負起責任，可能性仍是微乎其微。因此她要求治療師肩負起知情見證者的角色，要為當事人服務，不能體恤父母，並且應該要在當事人探索自己的故事時，同樣以知情見證者的身分盡全力給予支持。由於忠於父母的想法仍舊根深蒂固地存於我們的社會之中，這樣的要求十分基進而不尋常——過去如此，現在亦然。

8

遺傳的苦痛

母 親

沉默的見證者：

我的童年與青少年時期，一九五〇～一九七二

每當我被問及兒時記憶時，總有一個場景不斷浮現，雖不怎麼聳動，也未反映出任何我所承受過的各種暴力經過，不過它的氣氛卻讓我歷歷在目，以致我曾一度將它理解為我在家中角色的關鍵答案。

當時的我大約八歲，我父母兼差為某間出版社訂正手稿樣本，我還記得他們是如何高度專注地坐在餐桌旁。我看著他們，不說話，持續好幾個鐘頭，這就是我所看到的。我並不真的理解他們在做什麼，但很清楚自己不能發出聲音，絕對的寂靜掌控著一切，某種程度上，這種寂靜從一開始就包圍著父母與我。我們沒有共同的語言——他們之間通常用波蘭文，而我卻只學過（瑞士）德語，這讓我更加被孤

立。父母親從沒想過要以自我批判的方式去反思他們對我的態度，他們讓我成為了自己家庭之內的局外人，身為孩子，我無法理解他們的這種行為，當然也不明白為什麼我在自己的家裡會這樣被排擠。後來我才了解，身背重負的父母會無意識地將自己的宿命投射在孩子身上，也很震驚地發現，我在父母的家中竟是個外國人，就像我父母在瑞士也是外國人一樣。我成了自己家中的陌生人，而且一直以來都是，他們兩人則忙著遺忘戰爭以及重新獲得安全感，孩子的需求基本上只是次要之事。

我成了父母的沉默觀察者，這種巨大的沉默幾十年來包圍著所有我身上發生之事：蔑視、情感干預、對身為人的我漠不關心，且即便我已成人亦然。這樣的狀況在我家內部造成了一種複雜的交互作用，我基於觀察者的角色，被迫敏銳觀察周遭，發展出一種X光視角，掃描幾乎所有的動作與話語，希望務必明白自己身邊發生了什麼事。沒有人向我解釋發生了什麼，因此我必須獨自透過觀察去推斷實際情況，這種方法潛藏著誤解的危險。我可以說是很幸運的，沒有罹患精神病，而是發展出一種極大的才能，對人們行為的理解相當敏銳，很容易便能解讀並了解人與人之間非語言式的溝通。身為心理治療師，這種能力一再幫助我去找到並理解複雜的心理因果關係。

在我成年之後，我母親對我最嚴重的干涉是在九〇年代，我和第一任妻子離婚而陷入了嚴重困局時，我聽從她，讓一位康拉德．施德特巴赫（Konrad Stettbacher）的學生為我做了原始療法（Primal Therapy），當時她仍是極力推崇施德特巴赫的。我能揭穿他是個騙子，這也要歸功於我沉默觀察者的能力，我之後還會再回來談這個部分。

如今我當然知道，那些由於戰爭、迫害、逃亡、移民、經濟危機而背負著極為沉重負擔的父母們，要他們用同理心去感受自己孩子的世界是很費力的。即便如此，在這樣的基礎之上去看我經歷過的事，對我來說還是很困難，以治療師的身分我辦得到，但是以兒子的身分即使過了幾十年，我還是很痛苦。世界知名的兒童研究者愛麗絲．米勒，沒有人像她那樣為孩子爭取自我心理發展權利、對抗家暴的父母，但身為她的兒子，我的處境卻是更加困難。

不過話說從頭：我在一九五〇年四月來到這個世上，當時我父母都正忙著撰寫他們的博士論文。愛麗絲·米勒在我成年後曾對我形容過生產與產後的幾個月對她來說有多受傷，以下是我從回憶中記錄下來的：

當陣痛終於開始時，我去了蘇黎世州立醫院，我對生產非常的恐懼，產台上的我驚慌失措，心中又浮現出從前的恐懼感，我覺得自己完全被交到了別人的手上，就在這個時候，陣痛突然又停止了。三天後我才再次能夠開始嘗試把你生下來，而這幾天我就在蘇黎世山上四處散步，拒絕當媽媽的巨大罪惡感與恐懼讓我很痛苦，我覺得我是完全孤立地面對自己的命運，沒有人給我支持，就連你父親也沒有。終於陣痛又開始了，而你健康地來到這個世界，這次的生產過程雖然沒什麼狀況，但是你出生後沒多久，又出現了新的難題：我覺得自己完全無法照顧好你這個無助的孩子，而你也讓我當母親的第一步過得不輕鬆，你從一開始就拒絕被哺乳，我對此感到很傷心，我非常失望，因為我自己的孩子拒絕了我與我的母愛，我必須把母奶擠出來，而你只用非常小的瓶子喝奶。

對我母親來說，我，也就是一個小嬰兒，「控制」了她所有時間，需要她全心全意的關注，並且在某種程度上透過我的生理需求「強迫」她該如何過生活。這是她非常難以接受的，無論如何都無法勝任，因為對她來說，接受某人的規定是最恐怖的事。我不記得我母親給予過我任何自主權，我的自主權始終是被禁止的，她後來對此承認，且一再說她對此有很深的罪惡感。我母親每次向我解釋為何她在我出生之後不久就立刻把我交給一位熟人照顧時，總是很官方地提出下面這種說詞：「因為你父親和我在忙博士論文，而且家裡空間太小了，無法同時再養一個孩子，所以我們必須把你送走。」根據我的調查，以及撰寫本書時獲得的概觀視角，我現在已不再認為她這種說法令人信服，我拒絕喝母奶這件事深深傷了她的心，我認為我與母親之間這種早期的關係經歷是我們這麼多年來關係一直不太融洽的原因之一，我之後會再提出幾個事件來證明此論點。

那位熟人也不太會照顧新生兒，我應該在她那裡待了有兩週左右，不斷地哭鬧尖叫，而且身體狀況很糟糕，直到阿菈姑婆把我接走為止，伊蘭卡說：「如果我們沒去接你的話，你可能已經死了。」我在阿菈、布尼歐還有當時十八歲的伊蘭卡家中度過了我人生最初的一年半的時光，我的父母對我來說是很陌生的。

接下來的一個重要的轉折事件是我妹妹尤莉卡在一九五六年的出生，正如之前提到的，她一出生就是個唐氏症患者，她的出生與我父親對我母親隱瞞自己妹妹患有此症的這件事，讓我父母的婚姻更是雪上加霜，這個孩子其實本應拯救我父母分崩離析的婚姻，但卻使兩人隔閡越來越深。我們兩個孩子都被送走，尤莉卡一年後就回到我父母身邊，而我則在一間位在哈爾賓塞奧（Halbinsel Au）的育幼院裡待了兩年。我被告知，是為了治癒尿床問題而必須這麼做。在那段時間裡我基本上和家人沒有聯繫，我完全忘了自己有個妹妹，不過即便如此，我對於待在「愛麗絲阿姨」——我們如此稱呼育幼院院長——身邊的日子並沒有什麼不好的回憶，只有上學這件事成了災難。沒有人為我做上學的相關準備，我無法應付學校，覺得自己很失敗、無法成功，尤其是學校要求的課業，學校自此一直都是個難題，而有關我那不理想的成績的討論，則是我父親鄙視我時最喜歡說的話題。

我被接回家就像我被送進育幼院一樣突然，當時我八歲，我父母搬了家，在我離開兩年後，所有一切都是又新又陌生的。大客廳的天花板上懸吊著一張鞦韆，有個表情很怪異的小女孩坐在上面——我的妹妹。我不想要她，而期待我持續體諒的父母，其態度非但沒阻止我的這種想法，反而更挑起了我的這種念頭。在接下來的幾年裡，我的主要關係人一直都是女傭或保母，我與她們在家裡組成了一個家庭，我和她們說德語，而我父母彼此之間卻講波蘭文，不過他們常常會轉換，因為我母親很難接受兒子與保母在情感上比與她還要親近。

我父親殘忍、暴力卻迷人、有魅力，和他一起活動，如健行或滑雪，常常由於我累到生病而告終。他可能想把我變成一個「真漢子」。他可以好到為我煮我最喜歡的食物，然後又全部回到原點。我很愛他——就像一個孩子愛著他的父親那樣

——但是我對他也有一種無法言喻的畏懼，因為他的情緒與攻擊一直都是捉摸不定的。我究竟有多怕他，這件事直到好幾年後，透過一次心理治療我才明白。他曾用不同的方式折磨我——不論是心理或生理。我那位與他進行著某種形式長期抗戰的母親讓他隨心所欲地這樣做，她在那個時期完全消失在她的精神分析世界裡，常常若非不在家，就是正忙碌著。

一九六〇年，我們從拉珀斯維爾搬到了蘇黎世，我母親隨即在我們家隔壁設立了診療室，大家都必須一直保持安靜，隨時小心，她總是很累，不然就是正在路上。靠近她是不可能的，她自己才有權力決定何時有興趣靠近你。我沒印象父母會對我的事感興趣，情感方面我只能交給自己。

我十七歲才進入一間天主教寄宿學校就讀，在那裡度過了我最後的中學生涯，而我母親則很誇張地拼命用電話和我聯絡。我是自己想要去寄宿學校的，我覺得在那裡比在家自由多了，雖然學校管得很嚴，不過還是比家裡壓抑、具攻擊性又累人的氣氛舒服許多。無論如何，我和母親之間產生了一種怪異的電話關係，她每天總會在用餐時間打電話來，我的同學們吃飯時，我會被叫去接電話，而且每個星期天至少得花一個小時和她通電話。我不記得自己是否反抗這種巨大的困擾，一方面我也不敢，另一方面則是我終於感受到被重視、被看到了。

高中畢業後我想繼續唸大學，但父母都不相信我有能力，我接受了小學老師的培訓然後自立了，童年成了過去。

康拉德・施德特巴赫的信徒：受迫害的兒子，一九八三～一九九四

請容許我略過美好的十年，我已經提過和母親溝通良好的那個美妙階段，即她寫前三本書的那段時間。一九八〇年，我開始攻讀心理學。早在我當老師時，我就去上過精神分析討論班的課程，我對與母親交換《幸福童年的祕密》的觀點很有興趣，現在我想找到自己的心理治療師之路。我母親雖然祝我順利當上治療師，甚至很明確地對我表示支持，但卻不怎麼看好我去上大學，對於我的治療師老師揚・巴斯蒂安（Jan Bastiaans）與克里斯特爾・肖特勒（Christel Schöttler），她也同樣不當一回事，如今就我看來，她是無法接受我走上自己的道路的。我脫離了她的掌控，而她卻在一九八三年建議我去讓康拉德・施德特巴赫做一次原始療法，那時她

發掘了他，很支持他的治療方法。不過，用「建議」這個詞其實太輕描淡寫了，她沒有和我商量就幫我預約看診，再怎麼樣我都已經三十三歲了！一九八三年九月，我莫名其妙收到一封施德特巴赫的來信，信中他要求我匯一筆五位數的款項給他，以確保我一九八五年在他那裡有看診的位子。我非常生氣地拒絕了，我去找母親對質，她從未如此憤怒地對我說：我瘋了才會拒絕，那是我唯一的出路，她只是想幫助我，她終於找到一個方法導正她過去對我犯的錯，而我竟然想拒絕這個機會等等。我們的關係嚴重惡化，就我如今看來，她覺得我的拒絕是在宣戰，危及到了她的掌控。之前提過的、小時候的哺乳景況又再次上演，我又拒絕了母親的哺育，我們陷入了一場不間斷的小型戰爭中，她批評我的第一任妻子、我的體重、我不和尤莉卡來往，並且詆毀我的治療師老師們……本書一開頭的那封信也是出現在這樣的背景之下。

她一再逼迫我，而我則在一九九三年時讓了步，這是由於我陷入了嚴重的個人困境，當時我的第一段婚姻以失敗告終，我的感情與經濟都觸了底。在這樣的情況下，我母親又提出了她的那個建議。她介紹我去找慕尼黑一個施德特巴赫的學生，我們又開始積極聯繫起來，有時每天都會互寄傳真。

為了進行心理治療，我必須撰寫一份自傳，其中也要提到我的父母，當時也是她第一次對我提及戰爭的事。然而我不知道的是：我的治療師把我們診療時所有的對話錄音都寄給了施德特巴赫，他會將內容告訴我的母親，然後我母親再試著在她寫的信裡面按照她的意思去影響我，她深信自己知道我缺少了什麼，以及該如何幫助我。我越是抗拒被她影響，拒絕她的定義權，她就越會做出具攻擊性的反應——這是我如今的看法。

不過剛開始時，她激勵了我去讓她面對自己的錯誤：「我很高興你可以向我展現＋說出來你的不信任。」（1992.4.27），她常常提到自己的罪惡感，以及有多高興我透過施德特巴赫的療法走上了一條結束這些罪惡感的道路。我一直不喜歡這種母親緊迫盯人的關注，我很震驚地意識到，她的角色在我的治療過程中是完全適得其反的。她提出了許多建議，要求「全面的訊息」：「為了了解你的行為，我必須一直問你，直到我完全看清情況為止。」最主要是因為她認為我有可能會為了能夠毫無阻礙地攻擊她而去保護父親，甚或是我會變得越來越像他。

一九九三年初，我開始做心理治療，但我並不知道她以非正式的方式「監督」著我的療程，我在某個時間點請求她不要涉入太多：

即便你是出於好意，我想請你相信我，讓我做我的治療，我因為你的干涉而覺得非常受壓迫，請你給我留下我的空間……請不要用你充沛的情感壓死我、困擾我。我現在肯定需要一些時間來為我自己深入分析我的父母。當我覺得能夠感受到自己的情感時，我會打電話給你，因為我無法同時分析你們與愛你們，我會去壓抑，但是對一個孩子來說，用與自己天性相反的方式去感知他無法想像而且也不可以存在的現實，這是很困難的，現在正是我的關鍵時刻，這麼做很痛，很令人憤怒，我需要處理的空間。（1993.2.4）

我母親無法給我這樣的空間，如今當我讀到她在八〇與九〇年代寫給我的信，也就是我三十歲末、四十幾歲時，我幾乎無法相信自己看到了什麼，全是缺乏距離的可怕證明。她對我的童年犯了錯誤，現在又想當我的心理治療師，她想為我指明出路，一旦我遵循了她的建議，她就會表現得熱心殷勤，但是當我開始畫清界線，以及，例如我想更確切了解她對我父親在我小時候所扮演角色的看法時，她就會完全地封鎖自己。

一九九四年一月六日，我寫信給她：

我已經跟你提過幾次父親有好幾年如何每天早上都強迫我和他一起洗澡，你總是在旁邊的房間裡躺著，但卻距離我那麼遙遠。我當時就已經非常痛苦了，但我從來不敢說些什麼，如今我或許可以為這種屈辱大聲地吼叫出來，我在青春期的階段長期暴露在一種性控制之下，如今我還是會覺得自己沒有受到保護……我深信這一切也是種性虐待，遮掩得非常好。你當時有聽到些什麼嗎？這樣洗澡難道你從來不覺得奇怪嗎？

你是否害怕在父親為我安排這種任務酷刑時挺身保護我呢？那時他每天中午都會在餐桌上嘲笑我並且打斷我的話，對此你是怎麼想的呢？對於我事事都必須讓著尤莉卡，你有什麼感覺呢？現在你了解為什麼我無法相信所有你口中有關父親的陳述了嗎？（在離婚的過程中她曾對我說過有關他的可怕故事）。我當時總是孤零零地在你眼皮下被交付給了這樣的人，你要我如何相信你？……我很願意和你談這些問題，因為那種被你交給這個人的感覺，讓我很受傷，也很傷害我們之間的關係，也就是說，我意識到我這輩子都困在了一個孤獨之牢裡。我如今想做的全都是要讓自己從這個監獄裡解放出來，透過這些對談，你可以支持我、幫助我完成這份工作。

她並不接受，相反地，她替自己辯護，指責我為了保護父親而把父親的行為歸咎到她身上。我們起了激烈的爭執，但是毫無結果，她對我說話的口氣非常冰冷，例如：

馬丁，我星期一問過你，是否還認為我會沒義氣地操控你，並且給你虛假的建議——這是你在一九九三年八月的來信裡最後對我提到的。你說（而且很清楚地向我指出）我的這些問題會讓你生氣，你想要為了自己仔細去看個明白，得到明確結果後就會打電話給我。但是你都沒有打電話來，在那段期間我突然懂了，我終須完全理解，你的『心理治療』只是虛構的，是種美好的幻象與自我欺騙——僅此而已……你一直向我抱怨我在你小時候所犯之錯，我已經承認了那些錯誤，而且也多次向你明確道歉了，你卻一再地得寸進尺，你甚至樂於也把明顯就是你父親所犯的錯歸咎於我……這是你的決定。為了幫助你、讓你變健康，你從我這裡獲得了一切，但是你顯然並不想這樣……相較於為了變健康而做盡一切，你卻培育了你的盲目（例如針對我），並且使自己越來越破碎。（1994.1.6）

就連在這裡我也發現了原初場景的重複：我不願接受我母親的哺育。

情況惡化到母親由於施德特巴赫的詆毀阻撓而試著阻止我當心理治療師，他讓我母親相信——我的書面證據中有一封相關的信——我可能會有害於我的患者，我不夠成熟，我很卑鄙，會以我母親的名義去利用他。我母親盲目地相信這個男人，接著她便對我施加了令人難以置信的壓力，那是段被迫害的時期，我曾收到威脅信，她硬說我說謊，指責我的過錯與更嚴重的事，我開始懷疑起了自己，幾乎差一點就要自我了斷。

直到一九九四年，我經查證拿出有關施德特巴赫根本就不具備心理治療的資格的證據後，我要求她面對，她才妥協了。我因之特地主動開車去了趟普羅旺斯，我一一向她提出證明，指出她上了一個騙子的當，以及由於她對他的支持不只使我的人生，還有無數相信她意見之人的人生，全都陷入了危險之中。這些對話完全沒有緩解我們之間的關係。

我在一九九四年的秋天控告了施德特巴赫並且討回了公道。在幾年的提攜之後，我母親公開地與施德特巴赫切割，這件事眾所週知，她在大報的訪談中疏遠他。一九九四年十月一日，我母親寫信給我：

親愛的馬丁，你告訴我你由於施德特巴赫對你個人權利的傷害而控告了他，我可以理解你的決定，因為我現在已經知道這些傷害對你的職業生涯與你的人生造成了可怕的嚴重後果，幾乎將你逼上了絕路。

你的治療師威脅你說，如果你不放棄多年來的診療工作，便要中斷你的心理治療。如果你不接受最後通牒，也就是你還是繼續收治患者的話，她要我用公開與你的所做所為切割來威脅你。

我針對你而做出的行為是基於施德特巴赫先生的告知，他說有超過八個人對他說了你的不法行為。當我在震驚之中向他詢問細節時，我收到的答覆都只是，他說他不能對我透露細節，因為他的消息是來自患者，而他不可以違背業務祕密。

我為何會相信這些我自己無法驗證的訊息？原因有很多，我已在長期的研究後得出了結論。不過我由於這種相信而有所行動是事實，我對此應負起全責，而且我也願意。

即便施德特巴赫的錯誤回覆導致我對你施壓（因為我那時想用一切辦法不讓你

的心理治療中斷），身為成年人，我犯的錯是我自己的責任，我願意為此而且我必須為此對你至上所有歉意，我很抱歉我那個時候找不到任何機會去向你詢問施德特巴赫先生的話究竟是否為真。——媽媽

在接下來的幾年裡，我們的互動一直都很差，雖然她表現得好像這整件事隨著她的道歉以及和施德特巴赫畫清了界線而結束，但對我來說，我這才剛開始處理與母親之間那些糟糕的經歷。我越來越意識到，那些受迫害的經歷對我造成的創傷有多重，我覺得自己猶如強力洗腦之下的犧牲品。仔細閱讀了我接受心理治療時所收到的母親來信後，我又認清到，自己是如何有系統地被一再灌輸，說我自己可能是錯誤認知的犧牲品，而且身上可能會在某種程度上流露出一個將父親內化的惡魔。她譴責我是怪物，而且還完全瘋了。

我雖然獲得了公平正義，但我既無法為此高興，也不滿意於自己沒有受騙上當，我反而還花了好幾年的時間去處理這次慘痛的心理治療經驗，與母親行為所

造成的後果，尤其在胡果．斯坦姆（Hugo Stamm）的書《派系：尋找與權力的誘惑，給涉入之人與相關成員的脫身協助》（*Sekten: im Bann von Sucht und Macht: Ausstiegshilfen für Betroffene und Angehörige*，1995）的幫助之下，去消化整理過去十二年來的經歷，這些經歷就像某個毀滅性心理教派之下的典型犧牲品。

出於這些認知，我越來越難以將我母親視為心理治療方面的專家，不過我還是像以前一樣重視她最初的三本著作，這三本書的基本內容是極為有意義的，而且為一種新的思想開闢了道路。但是除此之外，我便無法再苟同於她，以前如此，現在亦是。即便她在一九九八年向我提出了一份詳細的認錯自白（見後文），但是我也不再感興趣了。雖然起初我曾試著再次和她建立起客觀而尊重的關係——但是並未真的見效，對我來說，在這幾年裡也已經不是那麼重要了，我又有了一段快樂的感情關係，我在這之中重新安排自己的人生，而且想就此不再過問過去的事情。我決定「凍結」與她的關係，也就是只有在危及時刻才聯絡。

28/5 98

Lieber Martin,

Ich habe in der letzten
Zeit wieder einmal Deine Briefe
der letzten Jahre durchgelesen
und dann meine Reaktionen
darauf, und es fiel mir auf,
wie sehr ich das, was Du mir
vorwirfst, ablehne und ab-
wehre, aus Angst, Du könn-
test Recht haben. Dabei hast
Du recht. Wie auch immer
ein Mensch seine Mutter er-
lebt und empfindet – sie hat
ihm dazu Gründe gegeben.
Ich wollte es lange nicht
wahrhaben, dass dieser Satz
auch für unsere Beziehung
zutrifft, versuchte meine
Schuld auf Deinen Vater ab-
zuschieben, aber es geht nicht.
Du hast nicht nur in Deiner
Kindheit und Jugend wegen
mir gelitten, sondern bist,
wie Du sagst, an den letzten
Rand der Verzweiflung
getrieben worden durch
die Therapie bei Eva und
die Manipulationen des
Gurus. Und ich kann es
doch nicht bestreiten,

母親的來信，一九九八年五月二十八日

親愛的馬丁：

我最近又讀了一遍你過去幾年寫的信，以及我對你信的反應，我想起了自己對於你提出的指責是如何地否認與抗拒，因為我害怕你是對的。就這點而言，你是對的。無論如何，一個人對他母親有何體會與感受——一切都起因於她自身。長期以來我都不願意承認這句話也適用於我們之間的關係，我試著把我的錯推到你父親身上，但卻辦不到。你不只在童年與少年時期因我而痛苦，而且還像你說的那樣，由於E．為你做的心理治療與精神導師的操控，而被推到了絕望的邊緣。我無法爭辯，是我親手把你帶向了痛苦。我是出於善意，但卻無法改變那是毒藥的事實。我久久無法容忍，因為那是如此令人髮指，而我竟然連一丁點其中的危險性都未察覺到，真是太可怕了。

在蘇黎世時你曾在車上對我說過你在慕尼黑（我接受心理治療的地點）已經到了何種狀態，而我對此非常震驚，我或許必須為自己防禦這種震驚，不想認清我的過錯，因為這些過錯太過巨大。接下來的幾週我都覺得，你似乎對我來說難以觸碰，我因此害怕你們的來訪，於是我讓自己變得無法聯絡到。現在我看得清楚多了，我害怕你的指責，因為我害怕對你所犯之錯的重量，我不想承擔這些責任，但是現在我必須要去承擔了。我一直不想去承認自己顯然曾是你對我所形容的那種母親，我把你的形容當成謊話，或是訕笑之，我嘗試翻轉你的感知，以便更能站立著。但是已發生之事是無法變成沒發生的，所有你因我而經歷之事，全都屬於你的真相，而我沒權力只因為我在你心中的形象對我來說太沉重而去更改它：一個迫害的、具控制欲的、充滿仇恨的、危險的、毀滅性的母親——這些我全都不想要。因此我自衛了，但是你放在我面前的那些我寫的信，只呈現出了事實，在這些信中你向我指明了傷害，你說那是在攻擊你的正直，我無法再有所反駁。

在我死之前，我想對你說出這些。如果我對你來說是個還算不錯的母親，那麼我在你心裡就絕不會有這樣子不好的形象。也就是說，我的確曾是你看到的那個樣子，這對我來說是非常合理的，我無法再擺脫或躲開這些真相。我不想再迴避我的兒子，因為我現在已經不再怕他了，他只是告訴了我真相，但過去的我並不想聽，不過我不想再逃避了。

你小時候，我常常拋下你，把你交給別人，你的需求、恐懼與絕望我無法真正了解，我非但沒去同理你的感受，反而把你交給了愛麗絲阿姨。相對於去了解你，因為我無法做到，我反而把你趕去接受心理治療，這些治療不只一點用也沒有，反而還危及了你的性命。其實當我在你們家看到照片裡你的體重、你滿臉的絕望時，我就該要了解到了，但是我非但沒有去面對它，反而於兩週後在電話上試著對你說，你現在比之前都好得多。是的，不過即便有做這個心理治療，但卻不是因為這個心理治療。暴食症、情感聯繫貧乏以及針對你母親的盲目，治癒這些問題的每一步，全都歸功於你自己。

就連我寫給瑪努耶菈（Manuela，我的伴侶）的信也帶有恐懼與自衛，我還不夠成熟去面對，因為我無法那麼快去消化你在蘇黎世對我說的有關慕尼黑的事，還有照片的內容，而且我也還沒有辦法接受你是對的。如果被自己的孩子告知，自己曾經如何無情地、盲目地、無知地對待他，那是個非常大的侮辱，會想要忘記並原諒之，但是孩子如何能去憐憫一個曾經危及他性命，而且還想強迫他遺忘的人呢？

我可以同理很多人，但只有我的兒子，我辦不到，當他對我說的時候，我反駁了他，我？難道沒有證據能證明其他人曾感受到被我理解嗎？我所關心之事對我來說是辦不到的嗎？我是為何而那麼努力呢？是的，正是如此。我就是對他缺少同理心，沒有緣由，如果我可以對他的處境感同身受，那麼我就能看到自己過去是如何對待他的：無知的、冷漠的、嚴厲的、批鬥的、糾正的、教育的，而從未真正如我想成為的那樣、如我想像中的那樣。我還將自己這種虛假的幻象強加於他身上，並以此誤導他的感知。當他不再被誤導時，我終究必須看看鏡子，我必須看到，我對待我的第一個孩子的方式，幾乎正如同我母親之於我，即便我接受了教育，但我還是沒有成功逃離這種宿命，現在至少我不想再繼續否認了。在他上學的第一天，我沒有陪著他去，而我完全不在意這個，我完全沒意識到要去趟哈爾賓塞奧，怎麼可能會這樣呢？我不知道。直到他對我說起這件事對他來說意味著什麼，我才開始理解，但我仍舊想說服自己與他否認這個真相，以便我不用去承受痛苦，以便我不必去忍受與我母親做比較。現在不逃避了，我現在也已經老到足以承受真相而且不再逃跑了，能逃哪去呢？為什麼要逃呢？一段被搞得亂七八糟的人生是不能用謊言來美化的，而喪失的母性也不能。

把兒子當成迫害者：戰爭創傷的力量

在寫這本書的期間，我也聯繫了我母親的故友——心理治療師芭芭拉·羅傑斯（Barbara Rogers），她如今住在墨西哥，曾在大概一九九九至二〇〇七年間和我母親密切合作，她也是一名心理治療陪伴者——即使只是透過電話，不過我母親和她也在一次衝突後斷了聯繫。當我向羅傑斯女士問及我母親是否曾在施德特巴赫危機事件上提過我，她非常詫異地說：「您母親從未提到您，如果現在您問我的話，我記得您母親對您的事是隻字不提的，事實上您完全不存在，不然就是說到關於您很不好的事。基本上您母親拒絕所有她與施德特巴赫有關的話題，而我也就不敢再近一步追問這個故事的始末了。」

芭芭拉·羅傑斯並不是個案，母親過世後，我在與許多不同的人談話之後都發現，我母親在那件難堪丟人的意外事件之後，在其他人面前是完全否認我的，我已經不再存在於她的公開言論之中了。

我很難用言語來形容這件羅傑斯女士點出的事實有多麼讓我惱怒，就連我母親那封寫於一九九八年的看似出於善意的信，基本上也失去了它的價值，我覺得自己被騙了，這種雙面溝通行為算什麼呢？面對我是承認錯誤，面對她的心理治療師朋友則是沉默或咒罵？

起初我完全無法理解我母親這種矛盾的行為，不過就在前幾個月，在我做調查期間，我得出了一種似乎可信的理論：施德特巴赫事件剛開始時，我母親便對於我不想順從她的期待而失望，起初我不願意去她的精神導師那裡做心理治療，這件事對她來說就像是無法想像的災難，她暴怒無比。當時我只覺得她歇斯底里，但是現在我猜想我的拒絕對我母親來說，應該觸發了她壓抑住的感覺，這些感覺屬於她從未處理過的戰爭創傷。我成了投射之下的犧牲品，而我則無法防衛這種投射。

我當時並不理解她建議我去讓施德特巴赫做心理治療的動機，直到不久之前我才想明白。我記得很清楚，在這件事情上我從未感覺到我母親有為我著想，那就像她是在與另一個人說話一樣，我只是一再地想起她多麼激動地建議我去做治療——猶如這攸關生死——以及當我拒絕她的「幫助」並且清楚說明我的態度時，她有多麼受傷。我越是拒絕，我母親就變得越具攻擊性。

我如今認為：這真的是攸關生死，而她也真的是在和另一個人說話，也就是她的父親。因此，我現在從這件事情裡看到的不只是來自母親有違倫理道德的干涉，我也在她的行為中辨析出戰爭時期的情感經歷、創傷經歷的暴露，這歸功於我對戰爭創傷更進一步的認識。以一種干擾、一種情感氾濫為名，我母親失去了與現實的聯繫。

這究竟與什麼有關呢？我如今已知，我祖父死在彼得庫夫的隔都裡。梅萊希因病，不過主要還是因為他傳統猶太人的外貌與貧乏的波蘭知識，而無法獲救，死在了隔都，他無法偽裝自己，而且他也不想這樣做。我們也可以說：他不放棄他的猶太身分，就算為了活下去也不願意。我現在猜測，我母親對她的父親有著緊密而更濃烈的關係，超過她過去所能夠承認的，而她無法拯救他，必定帶來了強烈的罪惡感，這可能也與她偶爾會表示說她很後悔救了妹妹和母親這件事相應合。我進一步問自己，相較於她的父親因為忠於自己的猶太身分而必須得死，只有藉由背叛自己的猶太身分才能活下去，對她而言可能意味著什麼？我想那些羞恥感、罪惡感以及憤怒，她對自己父親的「拒絕」，蔓延到了我的身上，而她因此在我不願意「讓她拯救」時，滿懷恨意地爆發了。她是否是想——無意識地——將那些她並未成功對她父親所做之事補償在我身上呢？無論如何，我由於自己的拒絕而收到了她的恨。

在幾年後，在那場可怕的惡夢之後，我看穿了施德特巴赫的手法，並且要母親面對他騙人的行徑時，我觸發了另一段戰爭經歷，並成了另一種投射的犧牲品：我母親戰爭期間最大的恐懼就是被人發現、被揭發。當我要她面對施德特巴赫的真面目時，正好觸碰到了這種情緒：我揭發了她。我揭露了一個祕密，我摧毀了故事——她身為成功的童年研究者的部分故事。過去的恐懼又回來了，我成了迫害者——我自己當然不知道。

當我在一九九四年要她面對事實時，她的反應很耐人尋味，並未如往常一般暴怒，反而是很平靜的、很鎮定的，我在激動之餘並未察覺到這點，直到現在我回憶起來才想起這個狀況。我母親的生存機制又再度啟動了，她必須找到一條出路，把我當成迫害者來擺脫我。我如今認為一九九八年的那封信就是她的策略之一，她安撫了我，避開了這最大的危機，對外開始對我的事三緘其口，同時將施德特巴赫事件的始末完全並壓住否認。

未處理過的戰爭創傷力量太可怕了：我在她眼中成了迫害者與勒索者，是來自二戰時期的一個形象，而我母親則在她的蒙蔽之中忘了我是她的兒子。

尾聲，二〇〇九～二〇一〇

我為何在二〇〇九年又開始與她聯繫？對此我已經在第二章裡描述過了，如前所述，我們之間的疏離很難就我這邊真的克服，不過我母親在我六十歲生日時寫了一封很友善的信給我，就在她已決定的死亡日期的前三天，信中表明她已經和我一起做到了她的安寧：「可惜我們直到現在才能自在地與對方聊天，不過我很開心，而且也很感激你能夠與我在上次聊天時說出那些事，那麼地敞開心扉與真誠。」我很難拋開一切，她在八〇與九〇年間對我發動的攻擊是那麼的粗暴，但我在調查過她的戰爭經歷後，更理解了她為何將我與父親拿來比較，這種比較深不可測，再次為我們艱難的關係灑下了一道不一樣的光。當她指責我越來越像父親的時候，現在從我耳裡聽來，那是她再度把我父親與她受迫害時期的勒索者畫上了等號，因此她在自己的攻擊中把我和那個迫害她的納粹視為了同類，即便她自己在戰爭宿命的壓抑之下從未製造這種直接的關聯性。

在我進行這本書的調查時，我認識了柏林的創傷治療師奧利維・舒柏，他在二〇〇〇年時曾多次為了幫我母親做心理治療而到聖雷米拜訪她。我母親過世後，他卸下了緘默義務，針對我的問題——「是什麼引發她再度嘗試接受心理治療？」，奧利維・舒柏是這麼回答的：

你母親與我聯絡是因為她全身一再地感到強烈的痛楚，但是沒有人能找到生理病因，她想找出疼痛的原因。由她對自己的了解來看，她很清楚自己的痛楚一定有心理方面的原因，她很了解：身體不會忘記，身體會儲藏起那些必須被遺忘的記憶，如此痛楚才能散去。不久之前你母親對這種自我找尋還抱持著另一種看法：她背負著巨大的罪惡感，因為她與你的關係不好，而且壓力很大。她希望與你能有個可靠的、真誠的、輕鬆且沒有衝突的關係。她曾對我形容與你聯絡時的恐懼，當你打電話給她或寫信給她時，不久之前的痛楚就會浮現出來，一方面是她對你感到很深的罪惡感，另一方面也是憤怒與對痛楚的極度恐懼。她畏懼與你的任何聯絡，以及被你情感迫害與金錢榨取，與你的聯繫會讓她回憶起你的父親與納粹。她希望藉由我幫她做的心理治療找到停止這種轉嫁的方法。

我很詫異的問，我母親是否曾重新接上她的戰爭經歷，他給了肯定的答案，她特別處理了她在華沙時的戰爭記憶，也就是她曾在一九九八年匿名出版的書《人生道路》（*Wege des Lebens*）裡寫到的瑪果特與麗爾卡的章節。這次心理治療的時間僅兩週而已，因為痛楚消退掉了，她只用了非常短的時間就處理掉了痛苦的戰爭經歷。

這裡我要再回到之前提過的鄂爾文．萊瑟的書《劫後餘生》。到了今天，也就是我母親過世三年後、我幾十年來的無知之後，未經過處理的創傷如何左右了她的日常生活，對我來說已顯而易見，並不僅是施德特巴赫事件而已，她的控制欲、曾經為了存活而必須做的、她從未擺脫的被迫害恐懼，也都在她完全退縮到普羅旺斯堡壘的行為裡顯現出來，還有將迫害者投射在我身上也是寓意頗深的證據。我母親越努力擺脫折磨人的戰爭幻象，過往就越以活生生的現在顯露出來，而這些往事在她晚年更越來越針對著她自己的兒子。鄂爾文·萊瑟認為：

> 心靈或生理上曾觸碰到死亡之人將會遭遇這種現象，此人常常並未意識到這些經歷會為後來的行動與反應、恐懼與願望染上顏色……身為逃脫者的他們，全都擁有類似的、與這個世界相處的困難處，他們必須與世界妥協。倖存者同時活在兩個世界裡，因為過去也會侵入他們當下的日常，對大屠殺的倖存者來說，生存的裂縫是非常典型的……他們的過去也會影響他們孩子的生活。

創傷治療師卡塔麗娜·德列克斯勒（Katharina Drexler）曾在她的文章〈跨世代創傷與眼動療法：一則個案〉（Transgenerational weitergegebene Traumata und EMDR – eine Fallvignette，2005）裡寫到：

未經克服的創傷可能會對後代造成嚴重的影響，我們最晚自大屠殺倖存者孩子與孫子的研究中了解了這點，這種發生在孩子身上的轉移會透過父母創傷的內射顯現出來。

9

接受檢驗的知識

治療師

即便我與母親之間有著極為糟糕的經歷，但是我非常需要讓她著作的意義維持不變。我認為她的前三本著作是劃時代的，她不斷地深入這些議題並加以變化，至於愛麗絲·米勒無法按照自己的知識去生活，那是另一回事了。本章我想概述一下我在真正的心理治療診斷中運用我母親理念的經驗，我想試著去解釋愛麗絲·米勒的心理治療概念有多少是真正非常重要的。此解釋將於兩個層面展開，這兩個層面對我來說都很重要，但它們似乎是相互牴觸的：

1. 我母親的理論形成了我心理治療工作的基礎。
2. 我母親的論點在心理治療工作中只有部分是可實際操作的。

可惜我無法真正與母親就這些問題交換意見，她本人從未實際測試過自己的理論，在和精神分析分道揚鑣後，她基本上就已結束了心理治療工作。

自《幸福童年的祕密》以來的時代變遷

當我母親一九七九年出版《幸福童年的祕密》一書時，人們關注的是個人的權利，感興趣的焦點是人的獨創性，發展心理學也提出了社會需求的重要，尤其是對待孩童的方式。父母們被賦予了全新的行為要求，他們首次必須為自己的教育行為及其對孩子造成的心理問題負起責任。那個時代大部分的父母在思想方面仍舊停留在一個與科學新知及六八學潮社會價值不合的教育系統內，許多父母奉行著「黑色教育」，他們完全無法去感受自己孩子的情感需求，因此愛麗絲·米勒踩到了一個痛點：她看到了孩子情感上所受之苦，且這與父母傷害性的行為模式有關。父母而造成孩子不自由的現象，其在心理學上的重要意義首次被表達了出來。

在社會個體化的過程中，這幾年人們提高了人類發展與心理發展之必要性的價值，每個人都應該擁有發展個人潛能的權利，每個孩子都帶著自己的天賦來到這個世界上，而父母的任務應是促發此天賦，並支持孩子去發展其天賦。在這樣的前提之下，如果父母未按此理去支持自己的孩子，甚或是阻礙孩子，人們才有可能譴責父母的錯誤行徑。心理或生理的虐待、以暴力凌虐及折磨心靈或是透過教育來限制自由等，都會被拿來討論與制止，動手打人的父母會被抨擊。

英國心理學家彼得·福納吉（Peter Fonagy）曾在他的書《衝動調節、思維化與自我發展》（*Affektregulierung, Mentalisierung und die Entwicklung des Selbst*，2004）裡將虛假自我的發展描述成「真實自我的殖民」。他認為父母會像殖民者對待被殖民者一樣，藉由侵佔他們的所需來剝削自己的孩子，這將導致孩子不再知道自己是誰，造成心理上的人格錯亂，在心理治療當中，我們將這個孩子與錯亂的人格連結起來。

三十年後，也就是二十一世紀初，天賦之權再也毋須爭議，如今這個議題主要涉及的是長大成人後的孩子是否，以及如何擺脫不自由的箝制，現在每個人都必須決定自己的人生，並按照個人的特性去形塑之，因此脫離父母就成了發展心理學的巨大情感挑戰，如果一個人卡在對自己父母的幼稚依賴模式裡，他便無法履行社會的要求。

心理治療的焦點同樣關鍵性地轉移了，以前是是否能看清一個人兒時被父母的行為阻礙了他真實自我的發展，如今則是看清維持虛假的自我在生存機會方面受到的威脅，只有透過真正的脫離父母住所、父母的期望與無理要求，成年人才有機會將自己的人生掌握在手中，自己承擔起責任。

在這樣的背景之下，今日該如何利用我母親的理論來做心理治療工作呢？我要由批評開始著手：那些我母親所提出的論點是無法實際用在心理診療上的，尤其是即便沒有治療師也能為自己做心理治療這個概念，更是異想天開。對一場成功的心理治療而言，有個面對面的人是絕對必要的。對當事人來說，同樣沒什麼意義的是她的基進論點——身為成年人，要父母為他們的教育方式付出代價，試圖與父母公開爭執，只會導致更多的糾纏不休，這無法當成解決辦法。根據我的經驗，心理治療涉及的更應是幫助當事人清理自己的人生經歷，讓已身為成人的他，不再被兒時所熟悉的、阻礙人生的經驗模式困住。

脫離父母，也表現在認清與感受到成年人不再因生存與排他等等方面的需求，需要那如今已老去的父母的愛與關注。與孩子不同，對成年人來說，他如今已擁有了其他可以與自己交流情感之人。

但是，我母親卻相反地越來越將焦點放在與父母之間攻擊性的爭執上，她自己就表現得猶如她無法停止一而再地去攻擊自己的父母一樣，然而這並無益於發現自己的童年創傷，並重新體驗受傷的感覺。為了在發展中達到真正的進步，治療師必須給予當事人支持，使其不依戀父母也能探索世界，並且背負起自己的責任、過自己的人生。

知曉自己的人生經歷

人的一生首先是一則人際關係經驗的故事，是心靈的總和，由與社會環境、事實及情感等相關的經歷而產生，再加上人們從中創作出來的故事。我們會將經歷儲存下來，這其中有與其他人相處的經歷、自己的體驗，還包括了我們如何影響他人等等，也就是說：我們的記憶塑造出了我們的人生軌跡。

每當我在工作上與當事人一起重建他的人生，我總是非常常用到我母親的概念。將孩子的視角當成真實的體驗這一點必然很重要，而關於這方面的強調，大大地改變了涉及到其他治療形式的心理治療程序。把治療師當成「知情見證者」，為當事人開啟了一種新的體驗：他的感知與經歷會被認真看待，除此之外，透過發展心理學的知識補充，治療師能夠在那些對當事人常常不太重要的描述之中感受到父母的錯誤行為，利用自己的敏感度去探尋父母的「黑色教育行為」。接著，他藉此讓當事人面對這種感知，使當事人能製造出一種與自己所體會到的人生不一樣的畫面，也就是說，透過探尋與研究實情，我們才能製造出基礎來同時體會到相關的感受。

長久以來，我也像愛麗絲．米勒一樣，相信被壓抑的感覺主要會在心理治療中被揭開，但我現在已經不再那麼確定了。當然，與父母有關的創傷或負面經歷是有可能被解放出來的，但是這些經歷不會因順服而被驅散掉，反而是立刻被壓抑下去，也就是說，這種感覺根本就是被禁止擁有的，攻擊與恐懼等殘酷情感留在了無意識的、生物學上有所限制的心理狀態之下。似乎有著某種感覺的這種心理狀態，只能透過生物學上的、情感上的經歷轉化變成精神上的感受，因此如果當事人可以在一段受到治療師保護的關係中，根據他因透過重塑而新獲得的有關自己童年的事情，而體驗到相應的感受，那麼情況就會有些不同，他會首次將儲存在身體記憶當中的經歷與相應的情感連接來，這會擁有另一種精神上的質量。

當治療師協助當事人表達出他對自己父母的感受，該治療師就是在支持著自我、自信與自我保證的發展。如果當事人可以感知到他對父母的感受，尤其是能夠察覺、感受到以及了解的話，那麼這就是一種清楚的表態，其明確性是無可超越的。

因此了解自己的人生軌跡成了一種對父母的總結分析、考績評分，當事人可以給予自己權力去評價與判定父母行為。

乍看之下這可能是無害的，但事實上這種心理治療過程已然撼動了一種社會禁忌，而且至今依舊，因為用各種敵對評論如此批判性地分析自己的父母，往往會受到懲罰：「你怎麼能這樣責難你的父母呢？他們也沒有其他辦法呀！他們也過得很辛苦，父母都只是為了孩子好，他們沒有別的辦法，但是他們所做之事一定全都是出自愛，你怎麼可以這麼忘恩負義……」等等。

不過在做出這種對於自己受教經歷的「批判性評價」時將會發生什麼呢？可能會引發激烈的憤怒、憎恨、悲傷與痛苦等感受，不過同時還會有強烈的恐懼，主要是當事人將直面狀況，即他無法再去更改自己的故事，他無法彌補，全都已成了過去，沒有人可以透過原諒或無止盡的理解來解除他激烈的、沉重的感受，當事人同樣也不能再變成一個孩子，並且從頭開始他的人生，就連透過神經病學來解放自我的嘗試也無法進一步解除這些感受。

根據我身為心理治療師的經驗，單是讓自己取代父母、成長成熱心關懷的成年人等方式，就能幫助那個內心裡的憤怒小孩。由於重新理解了自己的人生軌跡，揭示了童年時期的糟糕境遇，當事人能夠學會藉以在未來靠自己做得不一樣、做得更好。在對待自己的方式上，如果要努力去做到比父母更好，當事人就只能徹底消除父母的缺點，既不必為挑釁自己年邁的父母而吵上一架，讓他們在成年後彌補兒時所承受的缺失；也不必藉由與他人的人際關係來抵消童年所失，當事人反倒可以學會成為自己可信賴的說話對象，此對象會不受任何限制地關心他是否安好。

我能找到勇氣，以心理治療師的身分將這些與當事人有關的生平分析付諸執行，要歸功於我母親激烈的態度，她毫不留情地痛斥濫用權力的父母行徑，即使遭到傷害性的批評也不放棄她的想法，我至今從未在任何一本心理學著作裡看到能夠比擬的激烈立場，我母親靠著她的論點打破了禁忌，我們應該為此感謝她。如今，仍有些文化會徹底否定孩子對父母的批判，全世界的宗教都視父母為神聖的，他們的行為享有極大的自由，許多人出於文化之因而幾乎不可能去爭取自主，即便只是想都不可能。

愛麗絲．米勒在她所有著作裡都斥責了宗教及其壓制機制，這並不是沒有原因，尤其是《你不該知道》（*Du sollst nicht merken*）這本書。誠如我們現在所知的——這和她的童年成了一個循環，早在孩提時期她就對自己的宗教提出了質疑，她反抗無法理解的規則並否定之。長大成人後宗教體系對她來說依舊可與某個較高層面的父母權力相比擬，一個全能的神意味著極大的父母權威。在她對毀滅性的教育行為的批評當中，她主要攻擊的是由宗教授予的權力，不讓宗教成為父母行為的辯護。

我如今仍舊對我母親放肆地在這個領域與所有人為敵感到敬佩，身為社會批判者的她，用這種態度造成了某些影響，但若當成心理治療方法的話，我並不建議要求當事人針對父母作徹底批判，較好的做法是將心理能力交到當事人手上，發展出保護自己的成人態度，而不是為了剩餘的人生與父母糾纏在那毫無結果的爭吵中。

我母親一定曾經修正過她基進的態度，並且嘗試在實務中驗證她的理論。她自己成了這種針對父母的激烈恨意的犧牲者，但她從沒成功脫離這種恨。

心智化：愛麗絲．米勒方法的理論

心智化科學領域的主要研究者是發展心理學家彼得．福納吉，在他的著作《心理治療實務中的心智化》（*Mentalisieren in der Psychotherapeutischen Praxis*，2011）裡，他描述了這種心靈能力何以是心理健康的一種基本要素，尤其是在獨立於心理學學派之外的現代心理治療當中，心智化的能力是治療師的主要任務。如果我們將這種能力與以此能力為基礎的對話設備合併上愛麗絲．米勒的極端論調，那麼這種心理治療工作將會是非常有效率的。

我想簡短地根據彼得．福納吉的理論總結一下心理治療要求：心智化意味著感受自己與他人身上的心智（心靈）狀態，這種心靈狀態會主觀地映射出感受到的真相，可能是隱含的，或是清晰的。透過心智化，我能夠辨識出自己是如何在內在心靈世界裡感受與體驗外在世界，也就是說，我能夠擁有一個通往自己的入口，而且同樣也適用於與他人的關係。心智化的人可以同理其他人的情感與心靈世界。

治療師透過他心智化的介入，為當事人打開自己與他人的心靈世界。也就是說，治療師承擔下了一種連接功能，他的目標有三：1. 使關注自己與陌生人心靈狀態的能力變得敏銳，2. 察覺到除了我的視角以外，還有其他世界觀存在（心智理論，theory of mind），3. 調節情緒，因為我們能夠透過心智化學會調整躁動的情緒狀態，也就是合於現實地去感覺。

一般來說，我們可以將心智化描述成反思的能力，我們可以去思索自己與他人的心理體驗，並且在認知方面處理之。福納吉認為心靈狀態是一種差異性非常大的心靈多樣性，充滿了日常需求、願望、感受、思維、信念、幻想與美夢、恐慌、幻覺甚或是妄想。除了心靈狀態的反思，福納吉也很重視內省與同理能力的取得，內省涉及的是對自己內心世界的感知，同理則是體會別人的感受。

因此心理治療過程中首重重塑人生軌跡的真相，尤其是由孩子的角度去體驗情感。直到成功之前，當事人始終會處在一個對父母依賴的、幼稚的關係之中，仍舊用父母的雙眼在看待童年。心理治療的目的是解開這種對父母的情感連結，自己成為內在小孩的說話對象。當事人在治療中會為自己建立起某種心靈程度上的親子關係。

為了得到進入自己內心的入口，當事人必須要內省；如果他想理解內心，就必須對自己有同理心。這種內在新建立起來的心理內部結構，將成為當事人成熟、有能力面對外在社會世界的基礎。

為什麼這個孩子，也就是後來的成年人，會接納父母的視角呢？這就要談到鏡像神經元了。由於這種生物的神經元結構，孩子透過認同他的關係人而將自己最早的人際體驗全部內化，他的感覺像他們，行為也像他們，父母的行為對孩子來說，在某種程度上以固定住戶的身分住進了孩子的自我，同時也對未脫身之人在成年後的行為與情感體驗上造成與當年同樣的影響，這無關乎這個成人距離自己父母的人生計畫有多遠。

不過，由於個人生平及其前因後果在心理治療裡經過了分析，我們能夠將這種被壓制住的與父母的關係變得清晰可見，並由於心智化，而能夠以客觀視角去面對親子關係。於是我們能夠學習去觀察以及去感受兒時的我們有多麼畏懼父母，以及我們如何適應他人對我們所做之事——一切都變得公開透明，這個成年人成了自己童年經歷的目擊證人。此程序伴隨著極激烈的情緒，治療師要在此時幫助當事人去保護那個孩子，那個自己的過去，並在心理治療的範圍中用論據來分析自己的父母。不是一定要在事後真的與年邁的父母吵一架來分出勝負，這可以當成心理治療過程的一部分就好。即便如此，親子關係的感知以及成年人對自己父母的態度都會有所改變，當事人不會再從一個無助孩子的角度去面對他的父母，而是開始以成年人的身分，用他從心理治療獲得的所知進行客觀的討論，他和自己的父母平起平坐。

我母親論點中的想法錯誤在於，她深信一旦當事人看清了自己的創傷故事，便能自他的心理痛苦中解脫，可惜的是，愛麗絲·米勒並未考慮到當事人在與父母的爭執當中可能會捲入狂暴的情緒，我與我母親的事情就是很具說服力的證明。如果當事人要求父母為他們的錯誤付出代價，讓他們面對自身的「罪行」，那麼當事人基本上是維持兒童姿態的。如果父母真的曾對自己的孩子做出犯罪、虐待或暴力等行為，那麼確實追究他們的責任可能就是必要的，但是通常與父母討論他們教育上的錯誤行為，都沒什麼成效，而且對當事人來說，也不會帶來什麼改變，比較有效果的是在內心與父母對話。

有關小孩致病式地去適應心理社會環境的期望，我母親在《幸福童年的祕密》裡寫得很好，如果當事人在角色遊戲裡學會去反抗父母，像他以前感受到的他們那樣，他便可大大地改善與自己的關係，他可以追究父母的責任、質疑那些從未獲得的答案，畢竟身為孩子的時候沒有一丁點兒機會去了解發生在自己身上之事。

有趣的是，當事人多半都非常清楚他們的父母會在這樣的對話中說出什麼答案，在心理治療過程中，這些認知會被喚醒，如果當事人被允許的話，他們將會自動想起那些經歷，往往讓人詫異於他們有多麼地認同於自己的父母。這場對話是由治療師主持的，治療時他就是當事人人生軌跡的見證者。

在這種時候，我常常會想到我母親，她說的對：當事人覺得自己由於心理治療關係而被保護著，他第一次能夠以成人的身分獨立面對父母，清晰地表達自己的立場，他學會為自己心中那個受傷的孩子發聲。

這種保護態度同樣也是我母親的概念，特別有趣的是，一旦當事人能夠有邏輯地、清晰地、客觀地、論證地並確切地分析自己的父母，他們就會明顯放鬆下來，不再覺得挫敗，父母也不再有壓倒性的影響力，當事人不再會覺得自己手無寸鐵地落到父母手裡，相反地，他們會覺得自己很強大，而且和父母是勢均力敵的。

許多患者都在這個過程之後才能夠考慮對他們的父母報以同理心，他們開始了解父母的行為，但並不意味必須贊同，就這點而言，當事人擔起了自己身為成年人的責任，他成為自己感受、需求以及所有煩惱的傾訴對象，他終於了解自己必須好好愛自己、處理自己的需求。唯有他能夠站在自己身邊時，他才有可能成熟地面對人際關係。

知情見證者：治療師與當事人的關係

愛麗絲．米勒在心理治療探討中導入了知情見證者的概念，此人其實在患者的童年時期就有可能起到保護孩子免受父母侵犯、阻止父母毀滅性行徑的作用。

我母親當然很清楚，這樣一個知情見證者是可遇而不可求的，因此她將知情見證者的角色交付給心理治療師，成為他們工作時的態度，有關知情見證者在心理治療過程中的角色，她描寫如下：「如果沒有知情見證者的話，要承受童年真相是不可能的，不過我不認為知情見證者是任何唸過心理學系之人，或任何一個透過某個導師而獲知原始感受並且開始依附於他之人。知情見證者對我來說更應是找到力量去接受自己故事，並變得獨立的心理治療師，而且他們不需要透過凌駕在患者之上的權力來平衡自己被壓抑住的無能感。」──（節錄自愛麗絲．米勒網站的文章，

2001.1.1）

最近幾十年，以經驗為依據的心理治療研究也開始鑽研治療師與患者的關係，例如克里斯多夫・斯圖基（Christoph Stucki）就曾在二〇一一年深刻地描寫過當事人對心理治療師的要求：「我希望有一個能讓我欣賞的治療師，他能看到我的痛苦，容許我自由，不要和我太親近，永遠不會丟下我，不會讓我疼痛。」

新研究大大地延展了「知情見證者」的角色，但可惜缺了少用無畏而極端的目光，去看待父母的行為，以便獲知自己的人生軌跡並處理之。當然研究者清楚地強調，童年的失意與拒絕會導致心理疾病，但他們避免具體點名當事人的沉重經歷。心理治療研究者克勞斯・格拉維（Klaus Grawe，1943-2005）曾特別在他的研究中強調，人有無論如何都必須被滿足的基本需求：人際關係、自我價值、控制、迴避反感的事物與力爭喜歡的事物。這四種需求全都受到社會制約，而且它們的滿足會在人心中製造出一種幸福感，構成健康的心理狀態：人的生存仰賴於社會關係，他需要一個行為空間，在這個空間裡他會覺得自己被社會所包含在內，而且他的行為會引起社會共鳴。這同時也關係到行為的合理性，人需要進一步證明他自己，他人的回應對生存來說是很重要的，每個人都有在他的自我當中被認可與被愛的需求。除此之外，迴避反感的事物與力爭喜歡的事物就是生存：一個人由於經歷而知道了自己想要什麼、不想要什麼，他發展出一種對自己偏好的了解，當自己的偏好不被尊重時就會自衛。

格拉維認為，人會進一步經由兩種不同的動機模式而受到驅使：一是透過親近模式，二是迴避模式，基本需求是由親近模式來滿足的，不舒服的、傷人的環境後果會被迴避掉。但是如果現在有某個人在他的童年時期有過自己的基本需求未被滿足的經歷，並且引發了負面感受，那麼他事後將會透過迴避模式來擊退這些感受，他會不計代價地迴避更多的失意。然而基本需求並未被壓抑下來，因此產生了一種緊繃狀態，這種狀態只可以透過精神疾病來抵消。因此格拉維認為，治療師應該透過關係塑造再度給予當事人勇氣，讓他的基本需求在親近模式下被滿足。

我母親心理治療的概念與新近的心理治療理論分歧極大，如果將這兩種論點結合起來，心理治療的努力可能會很有成效，相關的經驗我曾有過：透過一個成熟自我的發展，當事人會在治療師的幫助下形成一個能夠滿足基本需求的內在解說員，成年人會為了自己付出，而且即便很困難還是學會留在親近模式之內，他不再像從前那個孩子一樣會立刻在迴避模式裡感到害怕，他很清楚何時親近模式會來訪，何時是迴避模式，他可以以成年人之姿自由決定是否想說好或不好。

態度，即治療師的行為在某種程度上是一種模型，按克里斯多夫·斯圖基所說，治療師遊戲似地佔據了「知情見證者」的角色，為當事人承擔起母親的功能。當事人將這些經歷當成行為順序儲存起來，並且在有需求時再度喚出它們，因此他將他所面對的心理治療態度當成針對於自己的觀點而內化了。

《幸福童年的祕密》還有什麼沒說的？

在這章開始時我曾寫到，我母親的工作是我心理治療工作的基礎，雖然她的理論在實務中只有部分能使用，但我想我已闡明了我的看法。無論如何她思想中有三要素無論現在或未來都將成為心理治療方法的重要柱石，即1. 她為孩子情感利益所投入的熱忱，為真實自我的發展權利而燃燒，2. 不過度評價身為知情見證者的心理治療師的意義，3. 人生經歷處理的改變式力量。這三種指標對身為心理治療師的我來說是不可或缺的，我深信它們會一直存在，如果我能與我的母親，與愛麗絲．米勒，對此互相交流意見的話，那該有多好啊！

母親的最後一封信，二〇一〇年四月九日

我親愛的馬丁：

祝你生日一切都盡善盡美，祝你有一場很棒的慶生會、好友以及對你在這六十年裡所達成之事有個很好的感受。

我的死不應阻礙你的這種快樂，因為你很清楚死亡對我來說將是絕對的解脫，沒有一個母親能長生不死，總有要這麼離別的一天。可惜我們直到現在才能自在地與對方聊天，不過我很開心，而且也很感激你能夠與我在上次聊天時說出那些事，那麼地敞開心扉與真誠。我希望你們還能一起度過許多美好時光，由衷地擁抱你。

你的媽媽

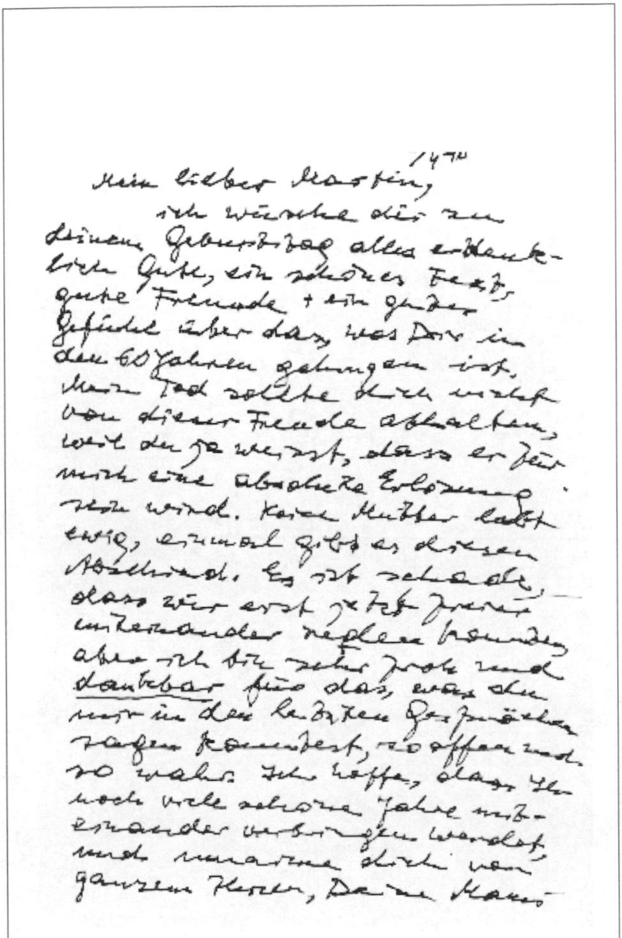

14th

Mein lieber Martin,

ich wünsche dir zu deinem Geburtstag alles erdenkliche Gute, ein schönes Fest, gute Freunde + ein gutes Gefühl über das, was Dir in den 60 Jahren gelungen ist.

Mein Tod sollte dich nicht von dieser Freude abhalten, weil du ja weisst, dass er für mich eine absolute Erlösung sein wird. Keine Mutter lebt ewig, einmal gibt es diesen Abschied. Es ist schade, dass wir erst jetzt freier miteinander reden konnten, aber ich bin sehr froh und dankbar für das, was du mir in den letzten Gesprächen sagen konntest, so offen und so wahr. Ich hoffe, dass Ihr noch viele schöne Jahre miteinander verbringen werdet, und umarme dich von ganzem Herzen, Deine Mami

10

從摧毀沉默之牆開始

後記／奧利維・舒柏撰

沒有犯罪、手段、花招、詭計、惡行不是活在保密之中的，將這些祕密攤在陽光下，描述它們，讓它們成為所有人眼中的笑柄，早晚大眾會將之拋諸腦後。或許光是讓大家知道是不夠的——但是這是唯一的辦法，否則其他都沒用。

——記者約瑟夫．普利茲（Joseph Pulitzer）筆。

對不義沉默不語只會保護投機者，如今已退休的那個世代並未自二戰受益，反而因自己童年與青少年時期的戰爭經歷而受苦超過半個世紀。馬丁．米勒與戰後世代透過他們父母的行為得知戰爭、逃亡、驅逐或壓迫是什麼意思，這些常常是在沒有語言、沒有解釋、沒有公開談話的情況下發生的。為了能夠了解他們的經歷並將之清理，這兩個世代都必須跨越那道將兩邊分開的沉默之牆，勇敢地看向過往舞台布幕的背後。

馬丁．米勒在進行這本書的研究時曾到柏林拜訪我，與他的相遇對我來說在某一方面是獨一無二的，即：我從來沒認識過一個像他這樣對所有生靈與人類抱持著如此尊敬態度之人，同時又這麼徹底地嘗試想了解自己的故事，對於我的感知是那麼精確又好奇地關心著。他一再為了知道這些事而努力搏鬥，那種認真深深感動了我，二十年前我也經歷過愛麗絲．米勒同樣認真地努力去克服她自己生理層面的童年與戰爭創傷，並且讓自己在與兒子的關係中更放得開。

像愛麗絲．米勒一樣出生於一九一七至一九四五年間的人並未參與選出希特勒的投票，但卻全都直接經歷了戰爭的驚駭，在這些「戰爭孩童」當中，有二分之一的人曾經歷過傷痛的事件；有三分之一的人患有某種心理創傷後遺症；有四分之一的人因此終身都嚴重受制。諸如做惡夢、記憶畫面湧現、心因性健康問題與疼痛等症狀，在許多人身上是直到年齡增長而力量減弱時才出現，心理防禦降低了，身體能量越來越無法平衡與戰爭記憶綑綁在一起的感受及生理狀態。對某些人來說，記憶猶如沒有出口的內心牢籠，而有些人，則長期承受著疼痛，或覺得自己無助地被交到了心因性病症的手中。恐慌症、憂鬱症、心因性不適常常伴隨重要意涵地出現在這個世代身上。

長期以來，人們獨自面對這些症狀，這主要是因為一些健保技術性的原因：唯一一個因戰爭與暴力造成的心理問題的診斷早在一九二六年第一次世界大戰後就從帝國保險法裡被刪掉了，因此二戰期間無法再判定或治療「創傷性精神病」。新的創傷相關診斷直到一九八〇年才又開始施行，即：創傷後壓力症候群。這個保險法裡的空窗期造成了許多後續問題，因為官方不存在之物既無法在健康體系內去醫治，也無法賠償或研究。除此之外，心理學的研究起初也不是針對一般民眾，而是那些嚴重受創的大屠殺受害者，以及後來美國的越戰退伍軍人。次要的創傷問題一開始時完全未被認真看待，到了後期，最初只有大屠殺受害者的孩子被列入研究，一九八〇年後越戰老兵的孩子才又納了進來。但是直至今日，還有非常多人受到戰爭、迫害、逃亡與驅逐所害，即便他們的心理是很堅強的。

戰後世代體驗過戰爭對他們父母造成的心理問題，以及戰爭對社會產生的影響。孩子們感受到了父母的感覺、父母目光中未訴諸言語的信號，或他們與人接觸的方式，但是父母卻無法向孩子解釋這些感覺與信號真正的來由，獨留孩子帶著疑問面對那些未說出口的話：為什麼他們必須全都吃完？為什麼什麼都不能丟掉？為什麼父母不想抱抱他們？他們孩子氣的怒氣哪裡錯了？為什麼強烈的情緒是不好的？為什麼父母認為小孩的煩惱不太重要？為什麼他們常常得不到安慰？為什麼父母不能對他們的需求有更多的理解？為什麼他們的父母偶爾會反反覆覆或負擔過重？為什麼他們還是小孩，就要對家庭發揮功能並承擔責任？外在安全、房間裝潢、玩具、零用錢、旅遊以及所有父母所缺少之物的重要性到底在哪？

許多戰後孩童都有這樣的疑問，但是他們從未對父母提出來，就如同小時候的馬丁．米勒一樣，接受了他父母家中的沉默命令。他——與大部分和他同世代的孩子一樣——將他那對受創父母的行為牽連到了自己身上，還是個孩子就感受到了父母的匱乏，並試著不要讓他們再更艱難，甚至去安撫他們。孩子不夠認真看待自己的日常憂慮，因為這些煩憂比起父母的似乎太微不足道了，於是憂慮的原則被倒置了，孩子們因此失去了童稚的無憂無慮，有一部分童年就這樣被剝奪了。相較於去感知這種失去並且適當哀悼，他們投身於自己的工作與家庭——並實現了那崇高的價值，即在戰爭中失去的富裕與安全感。

遭到戰火蹂躪的歐洲在五〇年代再度復甦，就連前東德都成了華沙公約組織裡經濟最強的國家，有些人經由個人的重新出發來脫離過往並移居海外，然而在社會與政治全新定位的外表下，國家社會主義與戰爭對戰後世代造成了很大的影響。戰爭結束後，法西斯暴力、創傷、恐懼、自卑情結與侵略性大都切換到了非公眾的場域裡，即：家庭。於此同時，與國家社會主義糾纏、家庭暴力與戰爭經歷都被列為禁忌，幾十年來許多家庭都在壓抑自己故事中的這個篇章，米勒一家並不是個案。

然而對戰後世代來說，二戰與自己人生之間的關係是相當難理解的，他們承受的不再是某種創傷後壓力症候群的典型症狀，而是一直反覆發生的心理阻斷、混亂的恐懼、無家可歸的感覺、不斷復發的罪惡感、鬱鬱寡歡以及深深的不安，這些問題的源頭不明。

為了能夠解釋學習經驗、情感連結經驗的轉遞以及直接生理的遺傳，對於這種次要創傷化的機制，如今已有了豐富研究：孩子以他們的父母為模型，不只學會父母說的話，也學得沉默不說的話，例如對特定情境的恐懼、罪惡感的意義、特定日常問題的相對不重要性，或是安全感的崇高價值。孩子的恐懼與不安讓他們日後很難脫離父母發展自我，他們學會了什麼該說、什麼不該說，以前殘酷的戰爭故事，如今成了討論的議題。醫學博士卡塔麗娜·德列克斯勒對此使用了一種黑洞隱喻，即孩子在嘗試了解他們感知到的父母困境時，使用了自己的幻想去填滿它。

情感連結能力可能會由於心理創傷而受到長期的損害，因此戰後許多孩子的父母才會多半缺乏同理心、開放的情感與陪伴，除此之外，父母往往很難想到要去顧及孩童的需求。由於情感連結經歷會大大影響到人在這世界上自覺安全的程度、好好處理壓力的程度以及可以自我安撫的程度，以致創傷引發的缺陷有時會透過家庭關係延續好幾個世代之久。

但是對壓力的敏感不只會透過家庭關係傳遞，也會透過基因，截至目前為止的研究都顯示，DNA分子是有可能在創傷壓力之下產生改變的，會被當成體質而遺傳下去。很多研究都能證實，心理創傷的父母所生出的孩子會像父母一樣呈現出較低的皮質醇含量，以致這些小孩很容易罹患創傷後壓力症候群。據觀察，易產生壓力的基因遺傳至今可以跨越四個世代，在自我照顧良好的生活型態下，這種既有的體質並不一定會造成影響，時間長了便會逐漸消失。

沉默不語加固了暴力行為，同時保護了施暴者；沉默不語洩露出救贖的需求，創傷記憶的洪流會在緘默的驚駭中加以築堤阻擋；沉默不語只看似保護了家庭，例如孩子與孫子會對父母的禁忌有所顧忌，但事實上恐懼與沉默卻更加鞏固了戰爭與暴力的關連性，以及犧牲者與施暴者之間令人存疑的和平。恐懼與沉默像一道看不見的牆，阻礙了心理與社會方面的處理。

就像在一個螺旋裡一樣，處理的方式要經過許多階段，讓每個個體的故事都在一個新成形的織物裡羅織出一條新的故事線。首先關係到的是個人真相的說出與傾聽，接著必須要將事實記錄下來、評估並且公開討論。我們必須肩負起處理的責任，讓社會認清脫身之道與所受之苦，並且讓我們的國家能夠再度去保護每個人的基本權利。

戰後直至一九六〇年，仍舊有很多偶然的日常事物會讓人想起戰爭與大屠殺，但德國境內卻少有關於創傷故事的公開討論，就連「去納粹化」的前東德最多也只是間接地做了些有關自我創傷經歷的討論，而西德則是用一九六一年的艾希曼審判與一九六四到六五年的法蘭克福大審判來標記出一種在政治、社會與科學上的積極處理方式[1]，但是後來這些處理又減少了。這些處理如今仍舊懸而未決，而公眾的興趣又隨著時間加深了：戰後兒童與戰後孫子的議題進入了電視與舞台劇，施暴者世代的逐漸沉寂，也降低了禁忌性——不過卻是以不同的方式：當戰後許多人信誓旦旦地說要不惜任何代價阻止新的戰事爆發，德國卻與其他歐盟國家一起再度成了全球軍備市場的活躍份子，將軍備輸出給政權與獨裁者，並又導致了戰爭，雖然能夠帶給返回阿富汗之人適當的支持，但社會大眾卻對「現代戰爭」以及隨之而來的

---

1 譯註：艾希曼審判與法蘭克福大審判都是二戰後針對納粹罪行的審判。

創傷問題理解不多。

過去三十年，創傷心理學在全世界蓬勃發展，一九九六年之前創傷後壓力症候群還被視為是特別棘手而難以治療的，針對創傷的心理治療成效從那時開始大大提升了，如今，就長期來看，相較於精神病藥物，創傷心理治療基本上已經被認為是更有效的創傷後壓力症侯群療法，但還有很多人不知道的是，就算是經歷多年戰爭之後所產生的症狀，仍舊可以於晚年在很短的時間內被治癒。

愛麗絲·米勒是除了勞埃德·德馬斯（Lloyd deMause）與阿諾·格魯恩（Arno Gruen）之外的新研究分支的創建者：心理史研究致力於找出歷史發展與社會規範的未知根源，這些源頭常常能在兒時的情感連結經歷與心理創傷中發現。心理史學家勞埃德·德馬斯將暴行的重演描述成解離的心理創傷的防禦，是我們歷史發展的關鍵弱點。沉默之牆與牆後發生的暴行重演，會對個人造成情感連結障礙，在家庭內是暴力問題，而搬到歷史舞台上就是一次又一次的戰爭。

愛麗絲·米勒是一個持續不斷對各種發生在孩子身上的虐待和暴力發出警告之

人，隨著一九八九年通過的聯合國兒童權利公約——自一九九二年起德國也加入了——所有簽署國家一起肩負起了責任，運用所有他們的權力去保護兒童免受任何形式身體或心靈的暴力侵害，孩子們如今白紙黑字地擁有了接受無暴力教育的權利。即便如此，根據福沙社會研究公司（Forsa-Gesellschaft für Sozialforschung）於二〇一一年對上千名德國父母針對諸如輕拍與打耳光等體罰的問卷調查，還有幾乎一半的體罰狀況，甚至有約百分之十四的父母會以痛打或鞭刑的方式教育孩子，這種身體傷害是違反現今法律的，但即便如此常常仍未被人察覺。

愛麗絲．米勒給了讀者們新的希望，讓他們能夠去克服由戰爭、情感連結障礙與家庭暴力所造成的惡性循環，她在公開場合是爭取自我實現與兒童保護的先驅，在家中則更應說是個人悲劇的主角，親眼見證情感障礙與暴力的不斷循環。

愛麗絲．米勒在《幸福童年的祕密》裡說到：「每個人應該在自己心中都有一個或多或少對自己有所隱藏的小房間，裡面有著他童年戲碼的道具，或許是他的祕密妄想、他祕密的變態行為或者就只是他無法克服的部分童年苦痛。唯一一個被允許進入這個角落的人是他的孩子。」馬丁．米勒不只被允許進入，而且也擁有踏入這個隱藏房間的勇氣，他研究這個地方直至最深處的角落，直到他終於在那裡找到了自己的角色與道具。關鍵是，他並未停留下來毀掉他母親的童年戲碼，相反地，他繼承了她的遺產，用自己的意識填滿了故事，自己當上了作者並重新書寫之，藉此說明戰後世代的孩子與孫子可以如何繼續這些處理工作。

處理工作並非直線的過程，更不是一個迅速的過程，倒退適應和平年代的過程就像一個跨越多個世代的螺旋，但是如果一個愛麗絲．米勒未成功打破沉默與暴力的循環，身為父母的我們、身為社會的我們又何時才能做到呢？

馬丁．米勒找到了辦法，尤其是他在這條道路上並不孤單，他曾尋找談話對象、訪問時代見證者、毫不留情地讓自己負起責任。他的例子讓人有了勇氣，也許這種共同任務真的只能共同解決吧？只擁有真相並沒有用，但真相卻是第一步——而且對心理治療、家庭以及社會的處理工作來說，永遠都不嫌晚。

奧利維．舒柏

謝辭

直到在生產這本書的過程中我才意識到，我大膽地撰寫我母親生平的行為是冒了多大的風險，即便我讀過許多名人孩子寫的傳記，但我起初是不屑所有對我計畫的懷疑的。

如果孩子要書寫自己的父母，我注意到有兩種極端狀況，一是極盡所能地美化父母，二是作者失去理智並表現出他對父母止不住的恨意，他們的著作若非欠缺評論的歌功頌德就是在算總帳，這兩種類型都並未照顧到讀者的需求。

儘管我擁有心理治療的經驗，然而未也陷入某個極端狀況，這都要歸功於我十字出版社（Kreuz Verlag）的編輯艾娃瑪莉亞．波勒，她擁有謹慎、有判別眼光、高度專業與全心投入的注意力，她是一個完美的監督員，她敏銳地注意著不去歪曲我的思維與創意念頭，而是努力地去感同身受，將它們置入客觀的前後文中，她是我長期而體貼的陪伴者，她成了我的知情見證者。為了她這種無私且負責到底的態度，我想在此對波勒女士致上由衷的謝意。

誠如書中寫到的，除了我身為我母親兒子的經歷以及與之相連的情緒感受外，我必須靠自己去獲得有關我母親生平的事蹟，我對她戰前與戰時的人生所知甚少，因此我要衷心感謝我母親的兩位表親伊蘭卡·陶雷克與阿菈·達馬茲（Ala Damaz），她們給了我如此坦誠的答覆，然而她們也因此面對了部分痛苦的記憶。

此外我還要感謝許多不斷給我勇氣去寫完本書、鼓勵我不要放棄的人，尤其要感謝的是我的妻子瑪努耶菈·布雷希布爾·米勒（Manuela Brechbühl Miller），她鉅細靡遺地隔開了我所有情緒的不可測因素，果斷地做出了緩衝；還有我的朋友醫學博士魯迪·舍比（Ruedi Schöbi），他很有興趣也很關心地參與了本書的誕生，並且以無數的討論來支持我。

若要進行一個像這本書一樣困難的計畫，那麼能夠享有某個善良傾聽者的支持將是種幸運，我母親過去的同事芭芭拉·羅傑斯一直在我工作時親切且耐心地陪伴著我，每當我有疑問時，我都可以放心地向她求助，在此我也要由衷地感謝她。

也要非常感謝經驗豐富的創傷治療師奧利維·舒柏，即便工作極為忙碌，他依然抽出時間寫了一份這麼明晰的後記。

最後我要感謝所有我寫作時在情緒上陪伴我、鼓勵我的朋友，以及許多投身十字出版社與赫爾德出版社（Herder Verlag）的人們，他們都對本書的成功做出了貢獻。

馬丁·米勒

延伸閱讀

愛麗絲・米勒作品

- 《身體不說謊：再揭幸福童年的祕密》（2015），愛麗絲・米勒（Alice Miller），心靈工坊。
- 《夏娃的覺醒：擁抱童年，找回真實自我》（2014），愛麗絲・米勒（Alice Miller），心靈工坊。
- 《幸福童年的祕密》（2014），愛麗絲・米勒（Alice Miller），心靈工坊。

心理治療與心理傳記

- 《成為我自己：歐文・亞隆回憶錄》（2018），歐文・亞隆（Irvin D. Yalom），心靈工坊。

- 《意義的呼喚：意義治療大師法蘭可自傳》（2017），維克多．法蘭可（Viktor E. Frankl），心靈工坊。
- 《逃，生：從創傷中自我救贖》（2015），鮑赫斯．西呂尼克（Boris Cyrulnik），心靈工坊。
- 《受傷的醫者：心理治療開拓者的生命故事》（2014），林克明，心靈工坊。
- 《溫尼考特這個人》（2010），羅伯．洛德曼（Robert Rodman, MD），心靈工坊。
- 《青年路德：一個精神分析與歷史的研究》（2017），艾瑞克．艾瑞克森（Erik. Erikson），心靈工坊。

創傷自助書籍

- 《創傷照管：照顧別人的你，更要留意自己的傷》（2020），蘿拉．李普斯基（Laura van Dernoot Lipsky），康妮．柏克（Connie Burk），究竟。

- 《第一本複雜性創傷後壓力症候群自我療癒聖經：在童年創傷中求生到茁壯的恢復指南》（2020），彼得・沃克（Pete Walker），柿子文化。
- 《深井效應：治療童年逆境傷害的長期影響》（2018），娜汀・哈里斯（Nadine Burke Harris），究竟。
- 《童年會傷人》（2017），留佩萱，小樹文化。
- 《這不是你的錯：對自己慈悲，撫慰受傷的童年》（2016），貝芙莉・英格爾（Beverly Engel, LMFT），心靈工坊。
- 《假性孤兒：他們不是不愛我，但我就是感受不到》（2016），琳賽・吉普森（Lindsay C. Gibson），小樹文化。
- 《小大人症候群》（2013），約翰・弗瑞爾（John C. Friel）、琳達・弗瑞爾（Linda D. Friel），心靈工坊。
- 《給媽媽的貼心書：孩子、家庭和外面的世界》（2009），唐諾・溫尼考特（Donald Winnicott），心靈工坊。

Psychotherapy 049

幸福童年的真正祕密
愛麗絲・米勒的悲劇

Das wahre "Drama des begabten Kindes": Die Tragödie Alice Millers

馬丁・米勒（Martin Miller）—著　林硯芬—譯

出版者—心靈工坊文化事業股份有限公司
發行人—王浩威　總編輯—王桂花
執行編輯—趙士尊　封面設計—蕭佑任、鄒享想　內頁排版—李宜芝
通訊地址—10684台北市大安區信義路四段53巷8號2樓
郵政劃撥—19546215　戶名—心靈工坊文化事業股份有限公司
電話—02）2702-9186　傳真—02）2702-9286
Email—service@psygarden.com.tw　網址—www.psygarden.com.tw

製版・印刷—彩峰造藝影像股份有限公司
總經銷—大和書報圖書股份有限公司
電話—02）8990-2588　傳真—02）2990-1658
通訊地址—248新北市新莊區五工五路二號
初版一刷—2020年4月　ISBN—978-986-357-178-0　定價—360元

國家圖書館出版品預行編目資料

幸福童年的真正祕密：愛麗絲・米勒的悲劇 / 馬丁.米勒(Martin Miller)著；林硯芬譯.
-- 初版. -- 臺北市：心靈工坊文化, 2020.04
面；　公分

譯自：Das wahre "Drama des begabten Kindes" : Die Tragödie Alice Millers

ISBN 978-986-357-178-0(平裝)

1.米勒(Miller, Alice, 1923-2010) 2.學術思想 3.心理學 4.家庭衝突

784.488　　109004549